COUR DES PAIRS.

AFFAIRE DES 12 ET 13 MAI 1839.

RAPPORT

FAIT A LA COUR

PAR M. MÉRILHOU.

FAITS GÉNÉRAUX

ET PREMIÈRE SÉRIE DES FAITS PARTICULIERS.

COUR DES PAIRS.

AFFAIRE DES 12 ET 13 MAI 1839.

RAPPORT

FAIT A LA COUR LES 11 ET 12 JUIN 1839,

PAR M. MÉRILHOU,

COMPRENANT

LES FAITS GÉNÉRAUX

ET LA PREMIÈRE SÉRIE DES FAITS PARTICULIERS.

PARIS.

IMPRIMERIE ROYALE.

M DCCC XXXIX.

COUR DES PAIRS.

SÉANCES

DES 11 ET 12 JUIN 1839.

RAPPORT

FAIT À LA COUR PAR M. MÉRILHOU, L'UN DES COMMISSAIRES (1) CHARGÉS DE L'INSTRUCTION DU PROCÈS DÉFÉRÉ À LA COUR DES PAIRS, PAR ORDONNANCE ROYALE DU 14 MAI 1839.

MESSIEURS,

Lorsque la Cour des Pairs s'est occupée du procès d'avril 1834, elle a dû rechercher quelle était l'organisation du vaste complot qui avait éclaté à la fois sur plusieurs points du Royaume. L'instruction longue et approfondie, à laquelle vous vous êtes livrés à cette époque, vous a appris que l'influence des sociétés secrètes avait été l'un des grands moyens de destruction employés par les conspirateurs d'alors contre le Gouvernement de Juillet. Le rapport de votre commission, qui restera comme un monument précieux pour

(1) Les commissaires étaient M. le baron PASQUIER, Chancelier de France, Président de la Cour, et MM. le duc DECAZES, le comte DE BASTARD, BARTHE, MÉRILHOU, et le baron DE DAUNANT, commis par M. le Chancelier, Président.

1

l'histoire de nos jours, vous montrera la dynastie et la révolution de 1830 attaquées tour à tour, et quelquefois simultanément, par les factieux de toutes les couleurs, par ceux qui travaillent au retour de la dynastie déchue, et par ceux qui veulent imposer à notre pays les formes républicaines. Vous avez vu, dans cette période de quatre années, depuis 1830 jusqu'en 1834, les factions anarchiques emprunter toutes les formes, adopter tous les langages, employer tous les genres de séduction, pour recruter des partisans, et pour préparer des moyens d'attaque contre l'ordre que les pouvoirs publics avaient si laborieusement établi. Vous les avez vues délibérant d'abord presque publiquement sous le titre d'*Amis du Peuple*, puis se fondre en sociétés secrètes, variées par leurs noms, leurs principes, leur composition, souvent agitées par l'ambition de ceux qui prétendaient les conduire, préludant à l'anarchie générale par leurs dissensions intestines; mais à la fin à peu près réunies sous une direction unique, absorbées ou entraînées par la grande société des *Droits de l'Homme*, et produisant la trop fameuse insurrection d'avril 1834, qui ensanglanta à la fois Paris, Lyon, Saint-Étienne, et agita violemment plusieurs autres cités considérables. Cette vaste et impuissante tentative prouva tout à la fois l'audace désespérée de ses auteurs, et leur isolement et leur faiblesse.

Cinq années se sont passées, et la ville de Paris vient d'être le théâtre d'une nouvelle attaque à main armée; attaque vigoureusement étouffée presque aussitôt que connue; attaque qui ne présente comme assaillants qu'un petit nombre d'individus, mais qui, par la violence et l'ensemble de son exécution, par la nature des moyens, par les principes au nom desquels elle a été faite, est de nature à exciter au plus haut degré la sollicitude et l'indignation de tous les bons citoyens.

Il est impossible en effet de voir dans la révolte dont nous venons d'être les témoins, et qui a laissé tant de victimes, une réunion fortuite et momentanée de quelques centaines de malfaiteurs se livrant au meurtre et au pillage seulement pour assouvir des besoins individuels de vengeance et de cupidité ; tout repousse une pareille explication ; les accusés eux-mêmes s'en défendent, et, d'accord en ce point avec l'instruction, ils rattachent les journées des 12 et 13 mai 1839 aux journées plus funèbres encore d'avril 1834, dont ils se prétendent les continuateurs.

Tous les documents de l'histoire judiciaire des cinq années qui séparent avril 1834 et mai 1839 se réunissent pour établir cette affligeante vérité, que les passions anarchiques vaincues en 1834 n'ont pas cessé un seul instant, depuis cette époque, leurs criminelles hostilités contre la constitution et le repos du pays. Ce n'est pas que nous voulions établir une injuste solidarité entre des actes d'une criminalité inégale ; mais, lorsqu'un parti s'est déclaré ennemi du Gouvernement établi, lorsque des hommes s'accordent dans leurs vœux de destruction, il est permis au pays qui se défend d'expliquer par le même but tous les actes qui doivent conduire au même résultat, et de regarder avec la même méfiance ceux qui ont conseillé le crime, et ceux qui l'ont justifié.

Expliquer les motifs secrets de chacun des individus qui composent un parti, déterminer avec précision le degré de violence et de perversité des passions de chacun d'eux, c'est une tâche impossible ; mais, lorsque ce parti s'est voué à la destruction de l'ordre établi, tous

1.

les moyens de destruction, employés successivement ou simultanément par les hommes de ce parti, s'ils ne sont pas l'œuvre de tous, sont au moins le produit des mêmes passions.

Ainsi, dans l'intervalle des complots d'avril 1834 à la révolte de mai 1839, nous voyons l'infernal attentat de Fieschi, qui a épouvanté le monde au moment même où vous vous occupiez du jugement des accusés d'avril; la tentative d'Alibaud l'année suivante, en 1836; celle de Meunier, en 1837, et les événements de Strasbourg en 1838. On dirait qu'il entrait dans les desseins de la Providence d'avertir chaque année le Gouvernement, par un fait nouveau, que les ennemis de l'ordre constitutionnel ne s'endorment pas, et que la vigilance qui conserve doit être égale à l'activité qui attaque.

Au milieu de ces faits douloureux, dont le renouvellement presque annuel est digne d'une attention sérieuse, est arrivé le grand acte de l'amnistie, acte glorieux, qui a pu faire quelques ingrats, mais dont le pouvoir ne doit conserver aucun regret, puisqu'il a prouvé que le Gouvernement de Juillet pouvait unir à la force qui sait vaincre, la magnanimité qui pardonne.

Le parti anarchique, qu'on devait croire découragé par sa défaite d'avril 1834, n'a pas cessé un instant depuis cette époque de travailler à son œuvre de destruction. La nouvelle loi sur les associations (10 avril 1834) a fait sentir aux factieux la nécessité de diminuer le nombre des adeptes composant chaque agrégation; mais le nombre des agrégations elles-mêmes a été augmenté; les relations hiérarchiques qui les unissent les unes aux autres se sont compliquées; le voile qui cache aux agents inférieurs le nom des directeurs suprêmes est devenu plus difficile à soulever; l'œil vi-

gilant de la loi a rencontré plus d'obstacles; les doctrines qu'on professe dans ces réunions ténébreuses
ont redoublé de perversité, et les passions qui les
agitent ont acquis plus de violence, en raison même
du mystère dont on a cru qu'on resterait enveloppé.

Les greffes des tribunaux n'offrent que trop de preuves
de cette triste vérité. Sans rappeler tous les procès qui, depuis 1834, sont venus attester l'existence des sociétés secrètes, et leur influence sur notre tranquillité intérieure,
nous nous bornerons à citer trois faits judiciaires dont la
liaison intime avec le procès actuel vous paraîtra d'autant plus frappante, que deux de ces faits, les deux procès des poudres, portent sur la création même des
moyens d'exécution de la révolte qu'on projetait, et que
l'autre, la publication du *Moniteur républicain* et de
l'Homme libre, avait pour objet de disposer les esprits à
la prise d'armes qui se préparait. Si vous voyez reparaître dans le procès de la révolte de mai plusieurs des
personnages qui figurent dans les faits antérieurs, vous
conclurez facilement que ceux qui ont dirigé et exé-
cuté l'insurrection avaient d'avance préparé les moyens
de l'exécuter.

Avant d'entrer dans l'exposé des faits que notre devoir
nous commande de vous faire connaître, qu'il nous soit
permis de signaler à votre attention les caractères qui
distinguent la dernière insurrection de toutes les précédentes tentatives des partisans de l'anarchie.

Vous avez encore présents à la pensée les souvenirs
du procès d'avril 1834. Le but des mouvements de cette
époque n'était clairement défini que sous un rapport,
l'établissement d'un gouvernement républicain; mais
on voit, par les pièces annexées au procès d'avril, que

les conspirateurs étaient loin d'être d'accord entre eux sur la nature même du gouvernement auquel tous voulaient appliquer la dénomination de *République*. On voit parmi eux les esprits profondément divisés à cet égard. Le système fédératif, la constitution directoriale, la forme consulaire, et d'autres plans politiques plus ou moins nettement formulés, partageaient les opinions des meneurs. Mais l'idée de la constitution de 1793, que quelques-uns avaient jetée en avant avec timidité, et qui avait prévalu dans le comité directeur de la société des *Droits de l'homme*, avait été aussitôt repoussée dans les masses comme un rêve impossible, dont l'expression seule suffisait pour discréditer un parti.

Aujourd'hui, nous devons le dire, puisqu'il faut que la France connaisse l'avenir que lui réservent les ennemis de son repos; aujourd'hui les idées ont marché, comme ils disent : ce que voulaient les républicains de 1834 ne leur suffit plus maintenant; ce n'est plus ni à l'an VIII, ni à l'an III, c'est à 1793 qu'il faut que la France rétrograde, pour retrouver cette parfaite égalité qu'on veut atteindre; substituer d'autres hommes aux hommes qui gouvernent est une entreprise qui paraît mesquine à ceux qui veulent régénérer notre pays; il faut que le pouvoir soit transféré aux classes qui ne possèdent rien, parce que c'est là seulement qu'est la vertu. On fixe aux fortunes un maximum qu'elles ne pourront pas dépasser; ce n'est plus seulement la classe des propriétaires fonciers qu'on désigne comme des oppresseurs féodaux, ce sont aussi les propriétaires de capitaux, les chefs de commerce et d'industrie, qu'on associe à la même proscription, sous le nom d'*exploiteurs*, et qu'on ne saurait trop désigner à la haine des *exploités*, c'est-à-dire de ceux qu'ils font vivre.

Vous le voyez, ce n'est pas seulement une révolution politique qu'on a eu en vue, c'est une révolution sociale; c'est la propriété qu'il faut reviser, modifier, transférer; c'est la conspiration de Babœuf (1), passée de l'état de projet insensé à une sanglante exécution.

Les agents destinés à accomplir ces rêves incendiaires ont été merveilleusement appropriés au but antisocial qu'on se proposait; de simples ouvriers, des garçons de service, des jeunes gens à peine parvenus à l'adolescence; au-dessus d'eux, quelques étudiants impatients de l'autorité paternelle : voilà les auxiliaires appelés à concourir à cette œuvre de démolition. Les besoins des uns ont été excités, la crédulité des autres a été abusée, des espérances chimériques de fortune et de grandeur ont été jetées comme un appât à de jeunes et ardentes ambitions. Ainsi cette armée du désordre a été choisie et organisée de telle façon, que, si elle eût obtenu un instant de triomphe, aucun cri parti de ses rangs n'eut pû réclamer pour la conservation d'aucun des débris de l'ordre social renversé. Ce n'était pas un complot de ressentiments politiques; car aucun des agitateurs n'avait rien perdu et n'avait rien à perdre, aucun d'eux ne pouvait que conquérir.

L'aspect de la ville de **Paris**, au moment où le complot éclatait, n'était pas celui d'une ville agitée par des passions politiques, mais bien d'une ville prise à l'improviste par une bande de malfaiteurs déterminés. En juin 1832 des parties de population furent entraînées dans la révolte; en avril 1834, les conspirateurs trouvèrent les masses sourdes à leurs provocations; en mai 1839, les factieux se sont trouvés plus isolés encore. Leurs

(1) Jugée par la haute cour de Vendôme, le 7 prairial an v.

rangs ne se sont point recrutés, et le nombre des agresseurs de cette époque, comparés à ceux d'avril 1834, doit faire comprendre aux ennemis de l'ordre public que leurs forces diminuent, que leur rangs s'éclaircissent, qu'autour d'eux aucunes sympathies ne viennent se produire, et qu'un courage aveugle dirigé vers un but criminel n'est pas une vertu.

FAITS GÉNÉRAUX.

Pour exécuter l'attaque à main armée qu'on méditait contre l'ordre public, il fallait des moyens, c'est-à-dire des armes et des munitions. Aussi la fabrication des poudres est devenue l'objet de l'activité des sociétés secrètes aussitôt après l'avortement du complot d'avril 1834. Ce fait, judiciairement constaté, est devenu l'une des preuves les plus évidentes de la longue préméditation du complot de mai 1839. Les premières découvertes à cet égard remontent à 1835, à l'époque même où la Cour des Pairs s'occupait du procès d'avril.

Une lettre adressée à l'un des inculpés de cette affaire fut saisie à Sainte-Pélagie, au moment où le sieur *Spirat,* clerc d'huissier, qui venait y visiter le sieur *Hubin de Guer,* essayait de la lui remettre. Elle portait pour suscription ce mot au commencement: *Lepelt.....* En voici quelques passages :

«Quelques mois encore, et nous verrons ces furibonds «s'arrêter tout court, effrayés du précipice qu'ils auront «creusé eux-mêmes. Pour lors le fracas retentira, et la «royauté aura vécu.....

2

«Depuis la loi infernale (celle du 10 avril 1834 sur
«les associations), une soif d'unité se fait sentir, les pa-
«triotes se recherchent, s'entretiennent de leurs peines,
«de leurs espérances; tous ont confiance dans l'avenir:
«un grand nombre s'y prépare par l'achat d'armes.....

«Des propositions partent de toutes les associations....
«l'ami *S.* te donnera un plus grand détail. Plusieurs entre-
«vues ont été, comme nos réunions d'habitude (*nihil*).
«Enfin les amis viennent définitivement de se constituer.
«*Gui....* a accepté. Il se compose (le com..) de *S..... B^{de}*
«*P. L.* et *G.* tous les quatre sont bien disposés à mar-
«cher rondement....

«Ils vont lancer des écrits, finir le manifeste. Nous
«avons laissé à nos amis tous pouvoirs sur l'association
«parisienne..... Depuis ma sortie je suis convaincu de la
«nécessité de faire cette concession......

«*R.....* et *L.....* vont partir pour leur destination; *P. L.* les
«tenaient sous clefs, et venaient aux réunions pour eux.
«*François* est arrivé à sa destination....

«Quant à la question départementale et étrangère, elle
«ne peut se résoudre définitivement qu'à notre arrivée au
«*C. C.* de la *S.* Ne pouvant rester ici plus longtemps,
«je vais donc m'y rendre de suite. Nous servirons d'in-
«termédiaire pour la France, et par l'organe du *C. C.* nous
«entreprendrons les affiliations qui sont déjà connues.....

«Quant à la question *Ly..* j'espère l'emporter au *C.*
«*C.* de *S. S.*; la conduite des aff^{xs} Paris la forcera d'accep-
«ter l'affiliation.

«*Alpin* est parti. Je vais donc le rejoindre. Depuis
«notre dernière entrevue, je n'ai pu avoir de nouvelles.
«Ils marchent rondement (SS).

«*Sp.* te fera passer les lettres; il nous enverra les
«tiennes....

«Ne manque pas de bien recommander à *Pruvost* de
«mettre en relation ses hommes avec *Sp.....*; il doit con-

«naître ceux de *Caillé*, il faut qu'il les fasse communiquer
«si cela se peut.

«Vois souvent *Rec.*, il est utile de savoir ce qu'il pense,
«ce qu'ils font. La famille arrivera où nous voulons.
«Le moment est venu. Ces M. M. sont déjà tout
«étonnés de notre persévérance; ils ne pouvaient s'ima-
«giner que, du fond de la prison, nous pouvions,
«malgré le manque de communication..., *organiser*...

«A te revoir, ton acquittement ou le canon nous réu-
«nira.»

Cette pièce ayant éveillé l'attention de l'autorité, une
instruction judiciaire eut lieu, et constata que la lettre
était du nommé *Crevat*, autre accusé d'avril, à cette
époque évadé de Sainte-Pélagie, et qui depuis a été arrêté et condamné, par la Cour des Pairs, à 5 ans de
détention. Cette affaire n'ayant pas paru connexe au
complot d'avril, M. le président de la Cour des Pairs
la renvoya devant qui de droit par une ordonnance
du 10 février 1835.

D'un autre côté, Pépin, condamné à la peine capitale
comme complice de Fieschi, par arrêt du 15 février 1836,
fit, la veille de son exécution, des révélations importantes
au président de la Cour des Pairs. Il signala l'existence
d'une nouvelle société secrète, formée depuis la loi du
10 avril 1834, sur les associations; il indiqua le nom de
celui qui l'avait initié lui-même, et le but de cette association, qui est le renversement du Gouvernement; il
dit : «On y jure haine à la royauté : je juge du danger
«qu'elle peut offrir par les hommes importants qui en font
«partie. Je dis importants par leurs talents. On m'a dit que
«Blanqui jeune et Laponneraye étaient membres de cette
«société : mais je ne les ai pas vus.» Il ajouta «qu'il avait
«été reçu par deux membres seulement, celui qui pré-
«sentait, celui qui recevait, et qu'il avait su qu'il avait
«été antérieurement question de la formation d'une so-

2.

«ciété qui devait prendre le nom de bataillon révolution-
«naire.»

La gravité et la précision de cette déclaration impo-
saient le devoir de recherches scrupuleuses : elles eurent
lieu; mais, le 21 février 1836, M. le Président de la Cour
des Pairs se dessaisit de l'information commencée, et
l'affaire fut renvoyée aux tribunaux ordinaires. Le 24 février, M. le procureur du Roi requit la jonction de ces nouvelles poursuites à celles déjà commencées, par suite de
la lettre saisie à Sainte-Pélagie. Une instruction plus vaste,
et sur une plus grande échelle, fut commencée contre les
associations toujours réprimées et toujours renaissantes,
et dont on trouve incessamment la présence dans toutes
les agitations du pays.

Des mesures de surveillance furent adoptées contre les
individus signalés comme y prenant part.

Le 8 mars 1836, l'autorité, informée de l'existence d'une
fabrique clandestine de poudre exploitée dans un but politique, fit investir un bâtiment isolé, situé rue de l'Oursine,
n° 113, et arrêta en flagrant délit cinq individus : ce sont
les nommés *Beaufour, Robert, Robier, Canard* et *Da-
viat;* ces trois derniers, élèves de l'école de droit.

Le local renfermant cet atelier clandestin avait été,
depuis le 12 février précédent, loué par *Beaufour* pour
quatre mois, au prix de 300 francs par an. Il renfermait
tous les ustensiles nécessaires à ce genre de fabrication :
il y avait plusieurs tamis, des séchoirs, des mortiers
garnis de pilons, et une grande quantité de charbon
destiné à la fabrication de la poudre; du charbon de
terre pour la faire sécher; du salpêtre, du pulvérin;
on y trouva aussi de la poudre déjà complétement
manutentionnée, d'autre qui n'avait pas passé par tous
les degrés d'élaboration. Il s'en faisait de plusieurs
qualités, dont une semblable à celle de chasse; les deux
autres approchant plus de celle de guerre : trente livres

(13)

de cette dernière étaient empaquetées dans un panier, et prêtes à sortir de l'atelier.

Beaufour, l'un des individus arrêtés, était un ancien sectaire de la doctrine de Saint-Simon, précédemment poursuivi comme prévenu de participation à une société secrète, dite de *la Communauté*. Il était alors réduit à la dernière détresse.

Adrien Robert, autre disciple de Saint-Simon, avait été déjà arrêté quatre fois pour des affaires politiques, savoir : en 1831, pour les émeutes; en 1832, pour la révolte de juin; deux fois comme crieur du *Bon Sens;* et, une dernière fois, pour vol. *Robert* était ouvrier chez le menuisier qui avait confectionné la machine de *Fieschi;* il y avait travaillé lui-même; et, plus tard, les outils dont il s'était servi à cette occasion furent par lui employés à approprier le local de la rue de l'Oursine à la fabrication de la poudre. Ces outils furent saisis par la justice.

Il serait inutile aujourd'hui de rappeler les divers degrés de participation de chacun des prévenus au délit dont il s'agit, ainsi que le système de défense adopté par chacun d'eux. Toutefois il est nécessaire de remarquer que les prévenus n'ont jamais pu expliquer l'origine des sommes employées à la fabrication de la poudre, ni l'emploi des produits au fur et mesure de la fabrication.

L'intérêt public commandait d'éclaircir ce double mystère, et de découvrir ceux qui défrayaient cette entreprise, et qui s'emparaient de la poudre fabriquée. L'impossibilité d'attribuer à cette opération un but mercantile, et les antécédents des hommes surpris en flagrant délit, rattachaient naturellement cette fabrication à ces sociétés secrètes dont *Pépin* avait signalé l'existence; et qui, formées dans le but avoué et précis de détruire le Gouvernement, devaient chercher à créer et à se procurer d'avance les moyens d'atteindre ce coupable but.

Sans parler de quelques individus à l'égard desquels

les recherches n'ont pas produit de résultats, il suffit de dire que *Blanqui* et *Barbès*, ayant été signalés comme complices de cette fabrication de poudre, furent arrêtés l'un et l'autre, au domicile de *Barbès* lui-même, trois jours après la découverte de la rue de l'Oursine. Tous les deux avaient figuré dans les rangs des défenseurs du procès d'avril ; tous les deux étaient signalés comme chefs des nouvelles sociétés secrètes. *Blanqui* avait quitté son domicile, où il avait laissé sa femme et son jeune enfant ; *Barbès*, logé en hôtel garni, lui avait donné asile, et partageait son lit avec lui, preuve évidente de la plus complète intimité, et de l'intérêt que mettait *Barbès* à soustraire *Blanqui* aux recherches de la justice.

Au moment de leur arrestation, *Barbès* et *Blanqui* firent de concert de nombreux efforts pour détruire des papiers qui allaient être saisis sur *Blanqui*, et qui devaient être fort importants, d'après la nature des moyens employés pour les anéantir. On saisit au domicile de *Barbès* douze mandrins destinés à faire des cartouches, et un portefeuille renfermant plusieurs listes de noms classés dans différents ordres, et appartenant à *Eugène Lamieussens*, étudiant en médecine, à qui l'instruction assigne un rôle important dans l'affaire des poudres.

Quant aux notes que *Blanqui* s'était vainement efforcé de détruire, elles étaient au nombre de trente-une, découpées dans une très-petite dimension : elles sont couvertes en totalité, au *recto* et au *verso*, de noms propres, les uns avec des adresses, les autres avec de simples annotations. En tête d'un grand nombre se trouve un nom propre ; par exemple : *Robier, Palanchon, Raisant, Herst*, puis ensuite cinq ou six noms, tous connus en général de celui qui se trouve inscrit au commencement de la liste ; ainsi, le nom de *Canard* se trouve près de celui de *Robier* son compatriote. Sur certaines, on lit, à côté des noms, des phrases qui doivent fixer l'attention ;

« *Cassius* — 1 fusil.

« Un tel, quatre fus., 4 lanc., 4 pistolets.

« Un tel vient du Roule, le caser par *Barbès.*

« *Palanchon* par *Barbès.*

« Mousse reçu par *Palanchon.*

« *Priot* et sa poudre; la poudre de *Lalot.*

« Un élève de l'école d'état-major par *Palanchon.*

« *Lisbonne*, rue Albouy, n° 14 — 500 cartouches.

« *Pellier* }
« *Paqueret* } *Lebœuf.*

« Voir Lion? un soldat du 20ᵉ fera recevoir son officier. »

Il est évident que ces notes avaient trait à une société secrète; qu'elles indiquaient des réceptions dans cette société, et servaient de *memorandum* à cet effet. Aucune autre interprétation n'était possible; d'ailleurs elles confirmaient en partie les révélations de *Pépin,* qui avait dit que *Blanqui* jeune était affilié aux sociétés illicites créées depuis la loi du 10 avril 1834.

Blanqui, interrogé, se renferma d'abord dans le silence le plus absolu.

Des perquisitions furent faites chez les individus désignés dans les listes.

Le propriétaire du portefeuille trouvé chez *Barbès* était, comme nous l'avons dit, *Lamieussens,* qui avait figuré déjà dans la société des *Droits de l'homme,* comme chef de la section *Robespierre.* Après des dénégations persévérantes, ses aveux en ont fourni la preuve péremptoire, quoique indirecte; il a déclaré ses liaisons intimes avec *Barbès,* qui, de son côté, niait obstinément tout rapport avec *Lamieussens.*

Ce portefeuille renfermait cinq petites listes de noms qui étaient évidemment ceux des membres d'une société secrète. La première contenait, d'après des numéros d'ordre, 187 noms qui paraissaient être ceux d'autant d'affiliés. La deuxième présentait la même série de numéros avec des noms de convention, qui sont nécessairement ceux sous lesquels les membres portés sur la première liste étaient connus dans la société.

Beaufour, l'un des individus saisis en flagrant délit de fabrication de poudre, figure sur la première liste sous le n° 126, et sur la seconde, sous le même numéro, sous le nom de *Verner Robert.* Il figure également sur les mêmes listes sous le n° 133, et s'appelle *Laharpe* sur la seconde liste.

Une troisième liste paraît être la répartition d'un certain nombre d'affiliés, en sections, ou *familles,* sous leurs noms de convention. On y voit figurer *Laharpe* dans la 10ᵉ section.

Une quatrième note paraît être comme l'indication de personnes qui devaient être reçues dans la société. On y remarque notamment l'indication suivante :

Golas
Tampurci } *Beaufour,*

et au dos on retrouve les mêmes indications, avec cette seule différence, que le nom de *Beaufour* est remplacé par le nom de convention *Verner:* ce qui démontre que la seconde liste saisie est la répétition de la première, avec cette différence, que les noms de convention y sont substitués aux noms véritables.

La cinquième liste a été reconnue pour avoir été écrite au recto par *Blanqui,* et au verso par *Lamieussens.* On retrouve au *recto* les noms de *Golas* et *Tampurci,* accolés à celui de *Beaufour:* ce qui prouve que toutes ces listes s'appliquent à la même association que celles saisies en la possession de *Blanqui,* qui présentent d'ailleurs beaucoup d'autres noms semblables.

La circonstance que les noms de *Robert* et *Beaufour* étaient écrits de la main de *Blanqui,* indiquait que *Blanqui* connaissait les principaux inculpés de la fabrication de

poudre de la rue de l'Oursine : ce qui du reste résulta
jusqu'à l'évidence de l'instruction subséquente. On remarqua aussi que sur la liste de *Blanqui* figurent les
noms de *Robier* et *Canard,* également saisis en flagrant
délit rue de l'Oursine. L'explication par lui donnée a
consisté à dire que ces noms étaient ceux d'abonnés d'un
journal qu'il avait publié sous le titre de *Libérateur.* Or
ce journal se déclarait hautement républicain, et cessa
promptement de paraître par suite de condamnation judiciaire.

Ainsi il était évident que la fabrication de la poudre
partait d'une association secrète, et que cette association
avait pour but l'anéantissement du Gouvernement constitutionnel.

La première loi de cette association est de ne rien
laisser subsister d'écrit : c'est ce qui explique la rareté
des preuves; aussi celles qu'on possède ne sont dues qu'au
hasard.

Pendant l'instruction du procès des poudres de la rue
de l'Oursine, et le 13 mars 1836, l'autorité administrative transmit à l'autorité judiciaire un document qui n'est
autre chose que le formulaire, par demandes et par réponses, de la réception des adeptes dans une société secrète, qui était celle des familles. Quelque temps après,
dans la même année 1836, cette même pièce a été saisie
imprimée chez *Fayard,* à l'occasion du procès des poudres
de la rue Dauphine. Le même formulaire a été saisi à
Carcassonne, en 1838, chez *Alberny,* écrit de la main de
Barbès, et saisi de nouveau en juin 1839, imprimé, chez
Nouguès.

L'identité de ces quatre pièces, sauf quelques différences légères, est manifeste. Leur concordance avec le
portefeuille de *Lamieussens,* et avec les papiers saisis chez
Blanqui et chez *Barbès,* est frappante; en voici les passages les plus saillants.

3

« Le récipiendaire est introduit les yeux bandés; » on lui fait prêter le serment suivant : « Je jure de garder le plus « profond silence sur ce qui va se passer dans cette « enceinte. »

Le président lui adresse ensuite les questions qu'on va lire, auxquelles il doit faire les réponses qui vont être textuellement citées.

« 1° Que penses-tu du Gouvernement actuel ? — Qu'il « est traître au peuple et au pays. »

« 2° Dans quel intérêt fonctionne-t-il ? — Dans celui « d'un petit nombre de privilégiés.

« 3° Quels sont aujourd'hui les aristocrates ? — Ce sont « les hommes d'argent, banquiers, fournisseurs, monopo- « leurs, gros propriétaires, agioteurs, en un mot, les « exploiteurs qui s'engraissent aux dépens du peuple.

« 4° Quel est le droit en vertu duquel ils gouvernent ? « —La force.

« 5° Quel est le vice dominant dans la société ? — L'é- « goïsme.

« 6° Qu'est-ce qui tient lieu d'honneur, de probité, de « vertu ? — L'argent.

« 7° Quel est l'homme qui est estimé dans le monde ? — « Le riche et le puissant.

« 8° Quel est celui qui est méprisé, persécuté, mis hors « la loi ? — Le pauvre et le faible.

« 9° Que penses-tu du droit d'octroi, des impôts sur le « sel et sur les boissons ? — Ce sont des impôts odieux, « destinés à pressurer le peuple en épargnant les riches.

« 10° Qu'est-ce que le peuple ? — Le peuple est l'en- « semble des citoyens qui travaillent.

« 11° Comment est-il traité par les lois ? — Il est traité « en esclave.

« 12° Quel est le sort du prolétaire sous le Gouverne- « ment des riches ? — Le sort du prolétaire est semblable

« à celui du serf et du nègre, sa vie n'est qu'un long tissu
« de misères, de fatigues et de souffrances.

« 13° Quel est le principe qui doit servir de base à une
« société régulière? — L'égalité.

« 14° Quels doivent être les droits du citoyen dans un
« pays bien réglé? — Le droit d'existence, le droit d'ins-
« truction gratuite, le droit de participation au Gouver-
« nement;..... ses devoirs sont le dévouement envers la
« société, et la fraternité envers ses concitoyens.

« 15° Faut-il faire une révolution politique ou une ré-
« volution sociale? — Il faut faire une révolution sociale. —
« Le citoyen qui t'a fait des ouvertures, t'a-t-il parlé du
« but de nos travaux? Ce but tu dois l'entrevoir déjà par
« nos questions, et nous allons en quelques mots te
« l'expliquer plus clairement encore. — Nous nous som-
« mes associés pour lutter, avec plus de succès, contre
« la tyrannie des oppresseurs de notre pays, qui ont pour
« politique de maintenir le peuple dans l'ignorance et
« dans l'isolement; la nôtre doit être, par conséquent,
« de répandre l'instruction et de rallier les forces du
« peuple en un seul faisceau. Nos tyrans ont proscrit la
« presse et l'association; c'est pourquoi notre devoir est
« de nous associer avec plus de persévérance que jamais,
« et de suppléer à la presse par la propagande de vive
« voix; car tu penses bien que les armes que les oppres-
« seurs nous interdisent sont celles qu'ils redoutent le plus
« et que nous devons surtout employer. Chaque membre
« a pour mission de répandre, par tous les moyens pos-
« sibles, les doctrines républicaines; de faire, en un mot,
« une propagande active, infatigable; promets-tu pour
« cela de joindre tes efforts aux nôtres?

« Plus tard, quand l'heure aura sonné, nous pren-
« drons les armes pour renverser un gouvernement qui
« est traître à la patrie. Seras-tu avec nous ce jour-là?
« Réfléchis bien, c'est une entreprise périlleuse : nos en-

3.

« nemis sont puissants; ils ont une armée, des trésors,
« l'appui des rois étrangers; ils règnent par la terreur.
« Nous autres, pauvres prolétaires, nous n'avons pour
« nous que notre courage et notre bon droit. Te sens-tu
« la force de braver le danger?

« Quand le signal du combat sera sonné, es-tu résolu
« à mourir les armes à la main pour la cause de l'hu-
« manité?

« Citoyen, lève-toi! voici le serment que tu dois prêter :
« Je jure de ne révéler à personne, même à mes plus
« proches parents, ce qui sera dit ou fait parmi nous; je
« jure d'obéir aux lois de l'association, de poursuivre de
« ma haine et de ma vengeance les traîtres qui se glisse-
« raient dans nos rangs, d'aimer et de secourir mes frères,
« et de sacrifier ma liberté et ma vie pour le triomphe de
« notre sainte cause. Citoyen, nous te proclamons membre
« de l'association, assieds-toi.

« As-tu des armes? des munitions? Chaque membre, en
« entrant dans l'association, fournit une quantité de
« poudre proportionnée à sa fortune, un quarteron au
« moins. En outre, il doit s'en procurer pour lui-même
« deux livres. Il n'y a rien d'écrit dans l'association. Tu
« ne seras connu que par le nom de guerre que tu vas
« choisir. En cas d'arrestation, il ne faut jamais répondre
« au juge d'instruction. Le comité est inconnu, mais au
« moment du combat il est tenu de se faire connaître. Il
« y a défense expresse de descendre sur la place publique
« si le comité ne se met pas à la tête de l'association.
« Pendant le combat, les membres doivent obéir à leurs
« chefs, suivant toute la rigueur de la discipline militaire.
« Si tu connais des citoyens assez discrets pour être ad-
« mis parmi nous, tu nous les présenteras : tout citoyen
« qui réunit discrétion et bonne volonté mérite d'entrer
« dans nos rangs, quel que soit d'ailleurs son degré d'ins-
« truction. La société achève son éducation politique. »

Si quelque chose pouvait accroître la gravité d'un tel document, ce serait la saisie faite des papiers du sieur *Barbès*, non pas dans le domicile où il fut arrêté avec *Blanqui;* mais dans une résidence secrète qu'il occupait le 28 juillet 1835, et où il a passé cette même journée de juillet. Il faut s'empresser toutefois de dire que ce n'étaient point, à cette époque, des motifs politiques qui lui faisaient cacher sa demeure. C'est là, dans le domicile où il était le 28 juillet 1835, qu'on a trouvé la pièce suivante qu'il a reconnue pour être écrite en entier de son écriture.

« Citoyens!

« Le tyran n'est plus : la foudre populaire l'a frappé.
« Exterminons maintenant la tyrannie.

« Citoyens, le grand jour est venu, le jour de la ven-
« geance, le jour de l'émancipation du peuple; pour la
« réaliser, nous n'avons qu'à vouloir : le courage nous
« manquerait-il?

« Aux armes! aux armes! que tout enfant de la patrie
« sache qu'aujourd'hui il faut payer sa dette à son pays! »

Est-ce là, comme l'a dit *Barbès,* un rêve jeté sur le papier? ou ne serait-ce pas plutôt la preuve que les complices de *Fieschi* n'ont pas tous comparu devant la cour des Pairs, et que les fils de ce terrible événement ne furent pas tous saisis par la justice?

Une autre pièce du même inculpé, écrite sous la même inspiration, a été découverte dans le même lieu; elle se termine par cette phrase, qu'on croirait avoir été écrite aux époques les plus atroces de 1793.

« Peuple!..... point de pitié; mets nus tes bras, qu'ils
« s'enfoncent dans les entrailles de tes bourreaux!!!.....»

Enfin deux autres pièces ont été trouvées dans les mains du sieur *Barbès :* l'une est un ordre du jour fait en mai 1835 dans les sociétés secrètes, alors que depuis cette année elles étaient dissoutes par la loi, et qui avait pour but de contenir l'ardeur des sectaires, à l'époque du

procès d'avril dont la Cour des Pairs allait connaître;
l'autre est un plan de l'organisation de la Société des
Familles. A la vérité, en tête de ce dernier article, se
trouve le chiffre de 1833, qui semblerait donner cette date
à cet écrit; mais on jugera, en le lisant, si les règles qu'elle
établit pour les sociétés ne sont pas beaucoup plutôt ap-
plicables aux sociétés actuelles, qu'à celles existant en
1833, qui, n'étant pas atteintes par une législation spé-
ciale, vivaient au grand jour et marchaient ouvertement
vers leur but.

Voici cette pièce:

« Chaque fraction de la société s'appelle famille.

« La famille se compose de cinq initiés, qui se réunis-
« sent deux fois par mois sous la présidence d'un chef
« nommé par le centre.

« Pour être admis, il faut être majeur, jouir d'une
« bonne réputation, mener une bonne conduite, justifier
« de ses moyens d'existence, être doué de la plus grande
« discrétion.

« Les propositions se font au sein de la famille, qui
« discute le mérite du candidat, et peut le refuser ou
« l'accepter.

« Les noms, état et demeure du candidat sont immé-
« diatement envoyés au centre pour que des renseigne-
« ments bien scrupuleux soient pris sur la moralité, la
« sobriété, la discrétion, l'énergie du proposé.

« Avant que ces renseignements ne soient adressés
« au chef de la famille, aucune ouverture ne doit être
« faite.

« Si les ouvertures sont acceptées, le présentateur
« remet au candidat une série de questions auxquelles
« il doit répondre avant sa réception.

« Les réceptions se font, les yeux bandés, par le chef
« de famille, en présence du proposant seulement.

«Autant que possible, elles doivent avoir lieu le jour,
«et, dans tous les cas, à la lumière.

« Le chef de famille ne doit jamais oublier de dire
« au récipiendaire qu'aucune trace de ce qui se fait ne
« subsiste, qu'il est impossible à la police de rien dé-
«couvrir, et que, par conséquent, aucun aveu ne doit
« être fait en justice, à peine de passer pour un traître, et
«d'être puni comme tel.

«L'on doit faire sentir au récipiendaire l'importance
«qu'il y a d'entrer dans la garde nationale.

«On doit poser des questions sur les armements et
« munitionnements.

«Les travaux sont dirigés par le chef de famille, qui,
«à l'ouverture des séances, fait le rapport de ce qui s'est
«passé à la séance précédente.

«Les travaux sont terminés par les propositions, pré-
« sentations et perceptions des cotisations. »

En jetant un coup d'œil sur ce qui vient d'être jusqu'à
présent rapporté, on ne peut s'empêcher de remarquer
combien la conduite des inculpés cadre fidèlement avec
le système d'organisation qu'on vient de citer et avec les
règles tracées aux initiés lors de leur admission.

Ainsi, il est recommandé aux associés de prendre de
faux noms, et, chez *Lamieussens*, on trouve tous les
surnoms des membres; plus, leur répartition en sections
ou familles de cinq à six membres chacune, et chez
Blanqui on saisit un grand nombre de listes de cinq
à six noms.

Ainsi, les statuts exigent que les membres se munissent
de poudre et d'armes, et chez un grand nombre on en
saisit. On en a trouvé un quarteron chez *Barbès*, selon
les statuts, et on a arrêté en flagrant délit des membres
de la société qui en confectionnaient.

En outre, il est défendu aux membres de répondre

aux magistrats instructeurs, et les chefs de la société, quand ils sont arrêtés, ont soin de se conformer à cette prescription.

Ainsi *Blanqui,* ainsi *Lamieussens,* lorsqu'ils consentent à répondre, ne signent point les actes; ainsi a fait *Barbès,* ainsi a fait *Lamieussens,* quand ils ont cru devoir répondre quelques mots.

Ces rapprochements ont un grand intérêt, en ce qu'ils prouvent que l'inculpation était alors dans le vrai lorsqu'elle reprochait, aux individus poursuivis, de faire partie de la société des *Familles,* dont les règles d'organisation ont été trouvées chez *Barbès,* et les cadres ou partie des cadres chez *Blanqui* et chez *Lamieussens.*

Il a été saisi aux domiciles de la plupart des prévenus des paquets de cartouches reconnus pour n'avoir pas été confectionnées dans les arsenaux, et en outre des fusils, des pistolets, des sabres, des épées, et il leur a été impossible de justifier la possession de ces divers objets. La possession de ces armes est encore un acte d'obéissance aux statuts.

Parmi les individus qui figurent sur les listes de *Blanqui,* nous trouvons *Augustin Gay,* au domicile duquel on a trouvé un couteau-poignard, de la poudre de chasse, une paire de pistolets chargés, un moule et vingt-trois balles. De plus, on y a saisi diverses pièces et lettres émanées de lui ou qui lui sont adressées. Ces pièces font partie de la procédure de la rue de l'Oursine, et feront juger la morale du parti auquel l'auteur de la lettre appartient. Voici une lettre qui lui a été écrite le 23 février 1836 par *Marc Dufraisse,* qui déjà a été condamné, pour délit politique, à une année d'emprisonnement, et qui depuis a figuré parmi les conseils des accusés d'avril.

Après quelques doléances sur l'absence d'agitation dans le monde politique, on lit ce qui suit :

« Si la presse avait de l'intelligence et du cœur, elle
« pourrait, quelque sévère que soit la législation qui l'é-
« treint, fonctionner encore aujourd'hui avec quelque
« fruit; mais la presse raisonne; elle ne parle plus à l'âme,
« elle est sophistique, elle n'émeut pas. La presse n'existe
« plus par la faute même de ceux qui l'exploitent; elle veut
« se faire habile, elle n'a plus de passion et partant plus
« d'influence; il faut de la passion et du sentiment à la
« presse, autrement elle ne vivra pas, autrement elle est
« déjà morte.

« Par exemple, quel rôle a-t-elle donc joué, cette presse
« poltronne et ignorante, dans le drame commencé le 28
« juillet et dénoué d'une façon sanglante? Quel écrivain a
« osé qualifier le fait du 28 juillet autrement que par le
« mot d'attentat? Et cependant, pour quiconque a un peu
« de morale dans le cœur, un peu de foi dans les entrailles,
« il y a quelque chose à dire. Depuis le commencement jus-
« qu'à la fin, la presse n'a eu de courage que pour blâmer,
« réprouver et flétrir. Et encore de quel point de vue,
« tant soit peu raisonnable, a-t-elle jugé cet acte du 28
« juillet? quelle a été sa certitude?

« Ne fallait-il pas d'abord, abstraction faite de ses au-
« teurs, qui étaient alors ignorés, apprécier en lui-même
« l'acte du 28 juillet? Et ne pouvait-on pas dire : Le but de
« ce que vous appelez *attentat* était de détruire *Louis-*
« *Philippe* et les aînés de sa race? *Louis-Philippe* et les
« aînés de sa race sont des contre-révolutionnaires. Le
« premier devoir de l'homme est d'anéantir tout ce qui
« s'oppose au progrès, c'est-à-dire à la révolution : donc
« le fait du 28 juillet avait une fin révolutionnaire; donc
« il était moral. Et n'était-il pas facile d'asseoir sur cet
« argument une justification absolue de l'attentat, et de
« le sanctifier par la raison, par le sentiment et par la
« passion?

« Le fait ainsi qualifié en lui-même, indépendamment

4

« de l'intention de ses auteurs, venait, au jour des débats,
« l'heure d'apprécier à leur tour la moralité de ceux qui
« avaient préparé et accompli l'acte bien qualifié; et alors,
« faisant à chacun sa légitime part, ne pouvait-on pas
« dire :

« *Fieschi* est un infâme, parce que, après s'être fait
« l'instrument salarié d'une action qu'il ne comprenait pas,
« il a dénoncé ses complices. *Fieschi* est un infâme, parce
« qu'il a agi sans autre passion que celle de l'or; sans
« autre but peut-être que celui de conquérir une célébrité
« égoïste.

« *Pépin* avait la conscience de l'œuvre qu'il méditait;
« s'il est coupable d'un crime, c'est d'avoir été lâche pen-
« dant les débats : il pouvait, puisqu'il voulait jouer le rôle
« d'innocent, protester de son innocence avec courage et
« dignité, mais il ne devait pas se laisser dominer par la
« crainte du dénouement.

« *Morey!* *Morey* a été sublime d'un bout à l'autre du
« drame! Ce vieux prolétaire, concevant l'idée du régi-
« cide, faisant le plan de la machine qui doit exécuter son
« dessein, chargeant les canons, les ajustant; ce vieux
« travailleur, passant de son atelier où il gagne son pain,
« au lieu où doit s'accomplir son projet, toujours calme,
« toujours de sang-froid; ce vieillard, souffrant et infirme,
« soutenant les débats avec une imperturbable impassi-
« bilité, entendant son arrêt de mort sans rien dire; ce
« vieux *Morey* a été sublime! Il savait bien ce qu'il fai-
« sait, et il ne s'est pas démenti.

« *Boireau* n'avait pas conspiré par passion, mais par
« mode; il n'a plus eu de courage quand il en fallait,
« parce qu'on ne meurt pas par mode; il s'est laissé sé-
« duire; ses révélations sur *Pépin* l'ont déshonoré. Il ne
« porte plus qu'une tête déshonorée.

« Voilà, en deux mots, le thème qu'un journaliste de-
« vrait se faire : aucun d'eux n'a ainsi fait.

« Arrivait la narration de l'exécution ; un journaliste
« républicain devait représenter *Pépin* rachetant, à la
« fin, sa pusillanimité dans les débats, par une mort
« ferme et courageuse ;

« *Fieschi* mourant en fanfaron comme il avait vécu
« avec forfanterie.

« Mais c'est encore sur le vieux *Morey* que j'aurais ap-
« pelé l'attention. Eh bien ! cet héroïque vieillard, si
« sublime dans l'acte qu'il prépara, si sublime dans le
« débat, si impassible au dernier moment, ne s'étourdis-
« sant, lui, ni par des grands mots, ni par la fumée d'une
« pipe ; ce vieillard, si brave, si bon, si généreux, de
« l'aveu même de l'infâme qui l'a fait périr ; ce vieillard, si
« éloquent par son silence et sa continuelle taciturnité :
« ce vieillard est mort sans qu'aucune voix de la foule
« stupide qui l'entourait lui ait lancé un mot de consola-
« tion ou plutôt d'admiration, et pas un journal n'a fait
« l'oraison funèbre que ce beau caractère a méritée !

« Ah ! mon ami, la tradition révolutionnaire est morte
« dans les cœurs ! Le peuple n'a pas senti tout ce qu'il y
« avait de saint dans la mort de *Morey*; le peuple a vu
« tomber cette tête blanche sans frémir ! le peuple a peut-
« être applaudi ! c'est ainsi que les Juifs raillèrent le Christ
« sur la croix ! Quand donc viendra le jour des réhabili-
« tations ? »

La lecture d'un pareil document dispense de toutes réflexions ; il fait juger un parti, connaître jusqu'où peuvent
aller le fanatisme et l'immoralité politiques.

Il serait inutile de retracer les faits et les preuves qui
se rattachaient à chacun des individus compromis dans
l'affaire des poudres de la rue de l'Oursine. Il suffit de
rappeler que, par arrêt de la cour royale en date du
23 octobre 1836, vingt-quatre d'entre eux, dont les noms
suivent, ont été condamnés à diverses peines à raison de

4.

fabrication de poudre et du délit d'association secrète, savoir :

ALLERON,	8 mois d'empris^t,	500^f d'amende.		
BARBÈS,	1 an	*idem,*	1,000 *idem.*	
BAUDET,	4 mois	*idem,*	300 *idem.*	
BEAUFOUR,	2 ans	d'empris^t,	3,000 *idem,* 2 ans de surveil^{ce}.	
BLANQUI,	2 ans	*idem,*	3,000 *idem,*	*idem.*
BRUYS,	4 mois	*idem,*	300 d'amende.	
DUPUIS,	8 mois	*idem,*	500 *idem,* 2 ans de surveil^{ce}.	
ÉDER,	10 mois	*idem,*	1,000 *idem.*	
ESPIRAT,	6 mois	*idem,*	500 *idem.*	
FAYARD,	1 an	*idem,*	500 *idem.*	
GAY,	10 mois	*idem,*	1,000 *idem.*	
GENIN,	2 ans	*idem,*	1,000 *idem,*	*idem.*
GRIVEL,	10 mois	*idem,*	1,000 *idem,*	*idem.*
HERFORT,	1 an	*idem,*	1,000 *idem.*	
LAMIEUSSENS,	1 an	*idem,*	1,000 *idem.*	
LISBONNE,	2 ans	*idem,*	1,000 *idem,*	*idem.*
MULETTE,	8 mois	*idem,*	500 *idem,*	*idem.*
PORTIER,	8 mois	*idem,*	500 *idem.*	
QUETIN,	4 mois	*idem,*	200 *idem.*	
RAYSAN,	8 mois	*idem,*	500 *idem.*	
ROBERT,	2 ans	*idem,*	300 *idem,*	*idem.*
ROBIER,	2 ans	*idem,*	3,000 *idem,*	*idem.*
VEINANT,	6 mois	*idem,*	500 *idem.*	
VILLEDIEU,	10 mois	*idem,*	1,000 *idem.*	

Cet échec ne découragea point l'association dans ses efforts pour préparer la révolte; la preuve de sa persévérance dans ce but coupable s'est produite de nouveau dans le procès fait en 1838 par suite d'une fabrication de cartouches, constatée chez le sieur *Raban,* graveur au Palais-Royal; procès qui a été terminé par une condamnation prononcée par la cour royale, les 28 novembre 1838 et 30 janvier 1839, savoir : contre *Raban,* à 2 ans de prison; *Lardon,* 18 mois, et *Dubosc,* 3 mois.

L'instruction de ce procès a constaté que les individus condamnés et plusieurs autres ont été saisis en état de flagrant délit, au moment où ils fabriquaient des cartouches au domicile de *Raban;* on a saisi la poudre, le papier découpé destiné à envelopper les cartouches, les mandrins, les récipients de métal destinés à mesurer la poudre, 10,150 balles de divers calibres, avec les traces d'une fonte récente, des moules à balles, 8 kilogrammes de poudre. On saisit aussi, au moment où il se présentait, un individu porteur d'un panier contenant 50 livres de plomb.

Il serait inutile au procès actuel de discuter les preuves existantes contre les prévenus de l'affaire dont nous sommes conduits à parler incidemment, et les raisonnements par lesquels chacun d'eux cherchait à les combattre. La seule remarque qu'il soit utile de préciser en ce moment, c'est que les dépenses de cette fabrication, ainsi que l'achat des matières premières, les lettres saisies (1) où les individus ne sont désignés que par des noms de convention, les antécédents des prévenus (2), tous atteints de poursuites ou de condamnations politiques; tout indique que ces travaux, conséquence de la fabrication de poudre entreprise et avortée rue de l'Oursine, et préliminaire d'une révolte, n'étaient qu'un acte d'obéissance aux statuts de la société des familles, qu'on a déjà analysés.

Les faits judiciaires que nous venons de faire connaître à la Cour, établissent que les associations secrètes constituées dans la vue de renverser le Gouvernement n'ont pas cessé un instant de travailler à la tâche coupable que leurs membres s'étaient imposée. Si nous avions voulu vous faire connaître tous les renseignements que contiennent à cet égard les cartons de l'administration, ou même toutes les procédures politiques qui ont rempli l'intervalle écoulé depuis avril 1834, nous aurions pu grossir plus encore le pénible récit de ces longues menées; mais nous avons mieux aimé ne vous présenter que des preuves épurées par les débats judiciaires, et dont les conclusions sont garanties par l'autorité irréfragable de la chose

(1) Notamment celle de mademoiselle Grouvelle à un individu désigné sous le nom d'*Ours.*

(2) *Raissant* avait été arrêté déjà quatre fois pour délit politique, condamné deux fois, puis amnistié en 1837. *Bruys* avait été condamné dans l'*affaire des poudres* et *Duffoubs,* arrêté et non condamné.

jugée. Les deux affaires des poudres de la rue de l'Oursine et de la rue Dauphine ont tout à fait ce caractère :
celle du *Moniteur républicain* et du journal l'*Homme libre*
qui occupe, depuis le 7 du courant, la cour d'assises de la
Seine (1), doit vous être encore signalée comme indiquant
la provocation à ces mêmes attentats, pour lesquels on avait
déjà fabriqué de la poudre et des cartouches. Par là, le
but de tous les complots, but jusqu'alors mystérieusement
révélé aux adeptes des sociétés secrètes, a été clairement et
énergiquement proclamé au grand jour, au nom du parti
républicain : c'est le renversement du Gouvernement constitutionnel, la subversion de l'ordre social et de la propriété qui en est la base; c'est le régicide enfin, érigé en
doctrine par les plus abominables sophismes, accompagnés
des plus hideuses, des plus frénétiques excitations.

Qu'on ne s'y trompe pas! il ne s'agit point d'une production isolée de quelques individus en délire; c'est une
série d'écrits mis au jour dans un même but et par les
mêmes moyens : c'est une espèce d'entreprise systématique et permanente, à laquelle ont concouru des hommes
de talents divers et d'une égale perversité : des hommes de
peine pour l'œuvre typographique; des écrivains dont
quelques-uns sont étrangers à toute notion littéraire,
mais d'autres dont la plume, dans son horrible énergie,
révèle les habitudes de l'art d'écrire.

Ces publications arrivent précisément au moment où
elles pouvaient servir le mieux les intérêts du parti anarchique. On avait commencé d'abord par réunir les munitions dans une quantité que la révolte de 1839 n'a que
trop bien révélée, et par des moyens que les procès des
poudres et celui des cartouches ont assez indiqués. Il ne
s'agissait plus que de préparer les esprits à l'accomplisse-

_____

(1) Par arrêt du 11 juin, à l'exception de *Corbière* et d'*Aubertin*, tous les accusés
du *Moniteur républicain* et de l'*Homme libre* ont été condamnés à cinq ans de
prison.

ment de l'œuvre de destruction : ce fut l'objet du *Moniteur républicain*; mais son horrible langage dépassa le but que se proposaient ses auteurs; il excita le dégoût et l'épouvante. Pour atténuer ces résultats, on publia le journal l'*Homme libre*, dont le titre, emprunté à un ancien journal du parti de Babœuf, indiquait que, sous des formes moins cyniques, il ne ferait pas non plus défaut aux idées de désordre et d'anarchie.

Le programme de cette série de publications incendiaires s'annonce dès l'abord avec une épouvantable netteté. On déclara qu'*on n'écrirait que ce que les lois défendent sous peine d'emprisonnement, d'amende ou même de condamnation capitale. (Prospectus du Moniteur républicain.)*

Peut-on déclarer la guerre avec plus d'audace à l'ordre social tout entier ?

Les premiers actes de ce nouveau mode d'agression remontent aux premiers mois de 1837. Suspendus pendant quelque temps à l'époque de l'amnistie, ils ne tardèrent pas à reparaître dans les mois suivants. D'abord on vit paraître des proclamations incendiaires qu'on affichait nuitamment sur les murs de la capitale; puis, à ces appels à la révolte, succédèrent des formulaires et ordres du jour des sociétés secrètes, des pièces contenant les plus graves offenses contre le Roi, des provocations aux classes ouvrières; puis apparurent successivement les deux journaux dont nous venons de vous parler tout à l'heure, et dont la publication embrasse une période de plus de dix mois.

PREMIÈRE PROCLAMATION, INTITULÉE : *AU PEUPLE.*

Dans les premiers jours d'avril 1837, on trouva dans plusieurs quartiers de Paris une proclamation séditieuse affichée sur les murs; elle était intitulée : *Au peuple,* commençait par ces mots : *Ouvriers, après avoir versé votre sang, etc.,* et finissait par ces mots : *Liberté, éga-*

lité, indivisibilité. Imprimerie de la République. Cette proclamation avait pour but de provoquer la classe ouvrière à la révolte et au renversement de la royauté. On y lisait : *N'avez-vous pas été trompés ? Un autre Bourbon, entouré d'une poignée d'intrigants, ne vous a-t-il pas frustré de tous les avantages de votre victoire ? Levez-vous, ouvriers, sortez de ce honteux et imprudent repos ! Levez-vous pour briser le joug de la royauté et des Bourbons...... pour émanciper le monde, pour le purger des crimes de la royauté, pour proclamer la république !*

On ne parvint point à découvrir les auteurs de ce pamphlet, mais on arrêta, dans la nuit du 7 au 8 avril, trois individus qui paraissaient occupés à afficher cette audacieuse proclamation. Parmi eux figurait un nommé *Fombertaux.* Il fut, à cette époque, traduit aux assises, à raison de ce fait, avec les nommés *Bastel* et *Joanini;* mais il fut acquitté ainsi que ces derniers.

DEUXIÈME PROCLAMATION, INTITULÉE : *BRAVES OUVRIERS DE PARIS.*

Dans le courant du même mois d'avril 1837, un autre placard, également adressé à la classe ouvrière, fut affiché dans Paris; il commence par ces mots : *Citoyens, braves ouvriers de Paris, lorsqu'après une trop longue oppression, etc.,* et finit par ceux-ci : *Vive la liberté ! Salut et fraternité !*

On y qualifie le Gouvernement de Juillet *d'inique, d'infâme, se faisant un appui des scélérats les plus antipathiques à la nation, violant les lois, établissant des tribunaux sanguinaires, composés d'hommes vendus, peuplant les prisons et les bagnes de patriotes, d'hommes généreux dont le crime est d'aimer leurs frères et leur patrie; ayant rougi les échafauds du sang des plus ardents défenseurs de la liberté, etc., etc.* Le placard se termine par cet appel à la révolte : *Frères, réunissons-nous. L'heure de la vengeance est arrivée ; frappons sans relâche pour établir la fraternité entre les peuples... C'est au bruit du tocsin et de la fusillade que nous verrons s'enfuir nos oppresseurs. Courage donc, et bientôt les airs retentiront des cris répétés de : Vive la liberté !*

Le 16 avril, on saisit trois exemplaires de ce placard sur le nommé *Argout,* ouvrier imprimeur; mais il prétendit les avoir trouvés sur la voie publique. Une perquisition fut faite à son domicile et dans l'imprimerie où il est employé, et on y saisit deux autres pièces portant, comme les précédentes, ces mots : *Imprimerie de la République,* et sur lesquelles il est nécessaire de s'arrêter.

3ᵉ PIÈCE.— *ORDRE DU JOUR.*

L'une de ces pièces est intitulée : *Ordre du jour. Phalanges démocratiques. Paris.* Elle commence par ces mots: *Citoyens, votre comité est enfin constitué, etc.* Elle finit par ceux-ci : *Égalité, fraternité. Imprimerie de la République.*

Cette pièce révèle l'existence d'une société d'anarchistes enrôlés pour le régicide et le renversement du Gouvernement. L'ordre du jour et le formulaire dont on parlera tout à l'heure ont été imprimés et distribués. Pour fixer ce but à l'association et pour l'y conduire, il commence par annoncer la réorganisation de la société secrète des familles, dont plusieurs membres furent poursuivis et condamnés en 1836 et 1837. Il apprend que *les ci-devant familles s'appelleront désormais Pelotons, nom beaucoup plus clair et plus significatif.* Puis il énumère les causes qui ont fait échouer toutes les tentatives révolutionnaires, nommément les *insurrections purement défensives dans lesquelles l'ardeur des soldats s'est inutilement consumée par le défaut d'organisation dans le parti républicain, et par le manque de dévouement dans les chefs. Un effet de ces déplorables fautes que l'on ne saurait trop blâmer,*

5

c'est que nombre de républicains, voyant ainsi les chefs manquer à leur devoir, imaginèrent à plusieurs reprises de se défaire du tyran principal. A part tout ce qu'avaient de louable leurs projets, il n'y avait pas de vrais succès à en espérer, car ce n'est pas tout de tuer le tyran, il faut encore anéantir la tyrannie; on ne pouvait et l'on ne peut encore obtenir ce DOUBLE RÉSULTAT qu'au moyen de l'union de tous les républicains : plus que jamais l'union fait la force.

Aussi le comité, touché de l'insuffisance ou du danger des attaques isolées, se réserve-t-il, par l'article 9, expressément la direction des coups que la société doit porter pour atteindre le DOUBLE RÉSULTAT. Aucun sectionnaire, y est-il dit, ne pourra rien tenter contre la tyrannie ou contre les tyrans, sans son ordre formel. . . . Couper une tête à l'hydre, c'est très-bien, mais ce serait mieux de l'écraser tout entière.

Quant aux devoirs des membres du comité, ils ne diffèrent pas de ceux des sectionnaires; il n'y en a qu'un de plus: *C'est le devoir impérieux de provoquer ou de saisir le moment propice de l'insurrection. . . . . . Nous voulons tous*, dit le comité, *une révolution sociale et radicale. . . Le peuple et les travailleurs utiles, produisant tout, ont droit exclusif à tout. . . . .*

Donc, l'établissement de la république est moins un but qu'un moyen de faire passer les biens des possesseurs qui ne travaillent pas aux travailleurs qui ne possèdent rien.

Tels sont, au milieu de tant de principes extravagants et criminels, ceux à l'aide desquels on espère agir plus efficacement sur les masses et les pousser dans la carrière des révolutions.

4e PIÈCE. — *FORMULAIRE DES PHALANGES DÉMOCRATIQUES.*

Ces idées se retrouvent plus nettement exposées dans le *Formulaire*, dont la promulgation était annoncée par le dernier article de l'*Ordre du jour.* Cette pièce est à la fois une formule d'affiliation et un sommaire de la doctrine de la société. On y lit que le récipiendaire doit prêter serment d'*abattre la tyrannie et contribuer au triomphe de l'égalité des conditions sociales, fondée sur le partage égal de tous les produits de la terre et de l'industrie.* La conquête de cette précieuse égalité inspire ces conseils de courage et de persévérance, qui sont donnés à tous les adeptes, et ces engagements qu'ils prennent *de braver et d'affronter sans vanité, à tout instant, les cachots, le bagne, la mitraille ou l'échafaud.*

Le formulaire recommande la prudence: *si les patriotes avaient été moins légers jusqu'à présent, nos tyrans auraient depuis longtemps mordu la poussière.*

Quant au serment, il consiste..... *à exécuter sans réplique les ordres des chefs ..... à poursuivre jusqu'à la mort, sans relâche, et par tous les moyens, l'établissement complet de la république par l'égalité des travaux et des jouissances.*

Puis, après l'admission, on recommande au nouvel adepte *de se procurer des armes ... de faire de la propagande écrite ou verbale, de rechercher surtout les liaisons avec l'armée, etc.*

Cette pièce prouve la nécessité sentie par les factieux, de suspendre quant à présent leurs agressions violentes, pour se contenter d'agir par la propagande, en semant dans les classes inférieures sa haine contre celles qui possèdent; en leur rendant la royauté odieuse, en la faisant considérer comme cause de l'inégalité des conditions.

Vers la fin d'avril, un nouveau placard fut encore trouvé affiché dans beaucoup de quartiers, à un grand nombre d'exemplaires; il commençait par ces mots : «République française. — *Liberté, égalité, fraternité.*

«Citoyens, en 89, le peuple s'est révolté, etc....,» et finissait par ceux-ci : «Symbole de la liberté.... » Il était

5.

évidemment composé des mêmes caractères *petit-romain* que ceux du formulaire et de l'ordre du jour.

Après quelques mots sur la révolution de 89, on lit : « Le peuple ne reprit son rang qu'aux journées de sep- « tembre 92. C'est là qu'il sentit toute sa dignité. Son « sang, jusqu'alors attiédi par les souffrances, reprit toute « sa vigueur, et redevint sang pur. » (2ᵉ alinéa.)

Vient ensuite un jugement sur la terreur, qui est consi- dérée comme *la justice du peuple faite par lui-même pour sauver son pays et venger les tortures de quinze siècles d'esclavage.* (2ᵉ alinéa.)

Puis, des injures au Roi et l'incitation aux sociétaires de se disposer à le renverser.

Puis, les passages suivants imputent au Roi tous les faits politiques calomnieusement dénaturés; il finit par ces mots : « Soutenu seulement par quelques hommes « achetés à vil prix, sa chute est prochaine, si nous sa- « vons profiter des instants; rallions-nous, serrons nos « rangs, et l'hydre tombera sous nos coups redoublés! Les « soldats qu'il commande seront les premiers à exécuter. »

Outre les rapports matériels avec le formulaire et l'ordre du jour, cette pièce a aussi des rapports moraux avec ces deux imprimés, qui seront facilement aperçus. Le Roi y est outragé, comme chef du Gouvernement, de la manière la plus grave, et l'insurrection y est haute- ment provoquée et préconisée.

6ᵉ PIÈCE, intitulée : — *ODE AU ROI.*

Dans le cours de l'année on répandit une pièce en vers intitulée : *Au Roi,* qui déjà avait circulé dans Paris dans les premiers mois; elle avait été adressée au parquet de M. le Procureur du Roi, jetée dans la boîte du journal *la Presse,* et envoyée à un citoyen honorable, qui l'a trans- mise à M. le Préfet de police. Cette ode surpasse en atrocité

et en offense contre le Roi tout ce que peut concevoir
l'imagination la plus délirante; elle a trois épigraphes,
dont celle-ci :

Recte occisus est. (Tacite.)

« O vertu, le poignard, seul espoir de la terre,
« Est ton arme sacrée, alors que le tonnerre
« Laisse régner le crime........»

Il faudrait copier en entier cette œuvre impie, si on
voulait énumérer toutes les qualifications dont elle est
susceptible; on se bornera à appeler l'attention sur la
quatrième strophe.

Dans cette strophe, l'auteur célèbre la grandeur du
peuple :

« Quand, brisant sa chaîne,
« Au repaire des Rois il court donner l'assaut,
« Qu'il aiguise à leurs yeux la hache vengeresse;
« Que des débris du trône, en grondant, il leur dresse
« Un marchepied à l'échafaud. »

La troisième, où il est dit que si le Roi n'a pas succombé sous les coups de *Fieschi,* c'est qu'il doit un
exemple aux tyrans de la terre......

Les cinquième, sixième, septième et huitième, déplorent
la mollesse des peuples, glorifient *Alibaud,* vantent son
courage, la sainteté de sa mission, montrent au régicide
le Panthéon en perspective :

« Demain le régicide ira prendre sa place
« Au Panthéon avec les Dieux!» (Neuvième strophe.)

Dans la dixième, on lit :

« Oui, quel que soit l'élu pour le saint homicide,
....
....
« De vols, d'assassinats eût-il flétri sa vie,
« Il redevient sans tache et vierge d'infamie
« Dès qu'il se lave au sang des rois. »

La onzième revient sur *Alibaud :*

« . . . . .sous la guillotine
« D'énergiques adieux, saluant la royauté,
« Malgré l'arrêt de mort de juges fanatiques,
« Mêle aux plus beaux rayons des âges héroïques
« Son rayon d'immortalité. »

La douzième salue les régicides *Pépin, Morey, sublime cul-de-jatte.*

« Champion qu'affranchit le nœud de sa cravate,
« Pléïade d'assassins, fils de la liberté. »

Enfin, la dernière renferme cet horrible serment :

« Et nous le jurons, en face de la France,
« Nous républicains purs, si malgré sa souffrance
« Le peuple trop longtemps marchandait ton trépas,
« Nous serons tes bourreaux! nous avons de la poudre
« Et du plomb de Juillet assez pour nous absoudre ;
« Louis-Philippe, tu mourras !

« Louis-Philippe, tu mourras. . .!! »
Ces citations dispensent de tout commentaire; on se contentera de faire observer que cette pièce était imprimée sur le format in-4°, comme le formulaire et l'ordre du jour, et, comme ces pamphlets, elle est en caractères petit-romain.

7ᵉ PIÈCE, intitulée : — *VINGT-NEUF JUILLET.*

Cette proclamation fut affichée à l'occasion de la célébration des événements de Juillet; elle commence par ces mots : « Il y a sept ans, à pareil jour, le peuple était libre et souverain, etc. »; elle finit par ceux-ci : « Égalité, « liberté, fraternité. Imprimerie de la République. » Entre autres phrases, on y lit : « Nous pensions encore que « l'influence de l'Europe sur le sort de notre pays allait « être pour toujours brisée,... et leur volonté est aujour- « d'hui plus puissante dans le palais des Tuileries; ils

«sont encore représentés par un membre de cette race
«de Bourbons qu'ils nous ont imposée en 1815, et qui,
«pendant tant de siècles, a fait le malheur de la France.»
(2ᵉ alinéa.)

«Si, aujourd'hui, nous cessions de former un faisceau
«indissoluble, nous risquerions de voir les mêmes mal-
«heurs se renouveler au jour inévitable où Louis-Phi-
«lippe tombera avec sa dynastie. Ce jour, désormais,
«ne peut tarder à paraître; les fautes et les crimes du
«successeur de Charles X ont lassé la bourgeoisie elle-
«même.» (4ᵉ alinéa.)

«L'orage se forme et grossit sur les têtes royales; il
«faut que les patriotes soient prêts quand il éclatera :
«c'est le seul moyen d'empêcher que la révolution pro-
«chaine ne soit aussi stérile que celle de Juillet.»
(15ᵉ alinéa.)

Il en fut de ce pamphlet comme des précédents: toutes
les recherches pour en découvrir les auteurs furent
d'abord sans résultat, et peut-être est-ce par suite de l'impunité dont ils jouissaient, que les auteurs de ces publications incendiaires conçurent l'idée de substituer à ces
écrits isolés une sorte de feuille périodique. C'est, du
moins, après la proclamation dont on vient de rendre
compte que cette pensée semble avoir été produite; elle
fut la dernière jusqu'à l'apparition du *Moniteur républicain;* elle est la seule qui soit imprimée avec des caractères pareils à ceux du placard intitulé : *Au Peuple*
(n° 1ᵉʳ).

8ᵉ PIÈCE. *1ᵉʳ NUMÉRO DU MONITEUR RÉPUBLICAIN.* — (Novembre 1837.)

La création du *Moniteur républicain* est un acte d'audace et de révolte. Mais il faut bien remarquer qu'elle
avait lieu moins comme but que comme moyen; c'était
une des parties d'un vaste système, pour corrompre

l'esprit public avec plus d'ensemble et de persévérance.

Le premier numéro, formant prospectus, portait la date du 3 frimaire an XLVI (novembre 1837); il était imprimé sur deux colonnes, comme tous ceux qui l'ont suivi, et, autre remarque également commune à tous les autres, il était surmonté d'une vignette représentant une Liberté armée d'un fusil, assise sur des pavés et des barricades. On lit à droite du fleuron : *unité, égalité, fraternité;* et à gauche : *prudence, courage, persévérance;* au bas de la dernière ligne figurent ces mots : *Imprimerie de la République.*

Ce prospectus avait pour but d'annoncer le journal, de faire connaître quel en serait l'esprit, et de l'ouvrir par une profession de foi publique.

Notre journal, y est-il dit, *paraîtra irrégulièrement, mais à des époques très-rapprochées, sans timbre, sans cautionnement, sans aucune des entraves fiscales apportées à la liberté de penser par les renégats de 89 et de 1830. Nous discuterons tous les principes, toutes les opinions; nous nous proclamerons ce que nous sommes, républicains; nous attaquerons le principe et la forme du gouvernement établi le 7 août 1830 par les 219 usurpateurs de la souveraineté nationale ; nous parlerons contre la royauté, contre le monopole législatif, contre la propriété mal acquise, contre la religion de la majorité, contre le serment, contre le ridicule respect dû à la Charte, aux lois bâclées contre le peuple par MM. les ventrus tricolores; nous ferons l'apologie des faits politiques qualifiés crimes et délits par les gens du Roi; nous provoquerons même, sans scrupule aucun, à la haine, au mépris, au changement et à la destruction du gouvernement du Roi et des classes aristocratiques; nous ferons, en un mot, tout ce qui est défendu sous peine d'amende, prison et guillotine, par les lois salutaires de septembre 1835.*

Puis ce programme est aussitôt mis à exécution: ainsi,

de suite, on fait un tableau hideux et mensonger de la misère des classes ouvrières, que l'on représente comme asservies et opprimées par celles qui jouissent de la richesse; *puis, après les misères sociales, les misères publiques*, et, à ce sujet, on déclame contre les institutions, contre les lois, et on s'attache à montrer dans le Roi la cause unique de tous les maux qui, dit-on, travaillent la France; puis succède une longue série d'épithètes outrageantes contre le chef de l'État (voir les alinéas 4, 5, 6, 2ᵉ col. *recto*). La suite répond à ces premiers mots; on lit dans les conclusions : *C'est à Louis-Philippe seul que nous devons nous en prendre, c'est sur lui que doivent retomber nos anathèmes; il est coupable du crime de lèse-progrès, de lèse-peuple et de lèse-humanité; lui seul a fait obstacle aux glorieuses secousses des trois jours qui doivent ébranler le monde. Louis-Philippe est la clef de voûte de l'état antisocial où se trouve la France; c'est donc à lui que nous devons nous attaquer : une fois jeté à bas, tout l'édifice croule avec lui... Ainsi notre principale tâche sera d'attaquer Louis-Philippe; les gens de sa race, les gens de sa suite viendront après.*

A la fin de la profession de foi dont on comprend la nature et la portée, on annonçait que l'on publierait désormais les exemplaires à 10,000; qu'on n'avait plus à craindre que les coups de foudre et de massue de MM. les accusateurs royaux, mais qu'on ne leur manquerait pas non plus dans ces publications démocratiques.

9ᵉ PIÈCE. 1ᵉ *NUMÉRO DU MONITEUR RÉPUBLICAIN.* — (Décembre 1837.)

Le deuxième numéro, dans un article intitulé : *A nos concitoyens*, déplore d'abord les poursuites dirigées contre les individus qui avaient été soupçonnés à l'occasion de la publication du premier numéro; mais il fait connaître la ferme détermination de continuer le combat sur le terrain de la presse, en rappelant que *depuis sept ans on poursuit la perte de la branche cadette des Bourbons aussi bien que le châtiment des fripons et des traîtres qui pillent et trahissent la France avec elle,* et l'on ajoute que *la lutte engagée ne peut s'achever que par la destruction des ennemis de la patrie ou par la nôtre :* à cette fin on excite les jeunes gens *dont le cœur n'a pas été encore flétri par les vices de notre temps,* à s'armer de courage pour la délivrance du pays; on les fortifie contre le sentiment de leur obscurité et de leur faiblesse... *Chacun de vous est placé sur un théâtre immense où il ne tient qu'à lui de jouer un grand rôle : ce théâtre, où tant de Brutus et tant d'Alibaud ont déjà légué leur mémoire à tous les siècles du monde, en immolant ou cherchant à immoler la tyrannie; où un homme du peuple, le Christ, mourut pour la cause de la fraternité; où les hommes de 93 scellèrent de leur sang leur dévouement aux devoirs et aux droits imprescriptibles de l'homme.* On ne sait, dans un tel amas de paroles atroces, sacrilèges et provocatrices, ce qui doit inspirer le plus de dégoût et d'indignation.

Le second article de ce numéro donne le texte imaginaire d'un prétendu projet de rétablissement des maîtrises et des jurandes. On conçoit dans quel but on faisait une telle annonce.

Puis un dernier article recommande la discrétion sur le siége et le personnel de ce journal. *La prudence,* y est-il dit, *nous fait un devoir impérieux de nous tenir derrière le rideau, en attendant le jour où nous descendrons sur la place publique, pour abattre encore une fois l'odieuse tyrannie des renégats de Juillet.*

11e PIÈCE. 4e *NUMÉRO DU MONITEUR REPUBLICAIN.* — (Février 1838.)

Le premier article est intitulé : *Devoirs des républicains;* c'est une espèce de parodie des discours de Robespierre sur la vertu; on y lit : «Si tous ceux qui se disent répu-« blicains étaient bien pénétrés de ces maximes et les « pratiquaient, la république serait déjà venue; la France « entière se serait déjà levée pour chasser les êtres cor-« rompus qui vivent dans la fange des Tuileries. Si la « France hésite, c'est parce que beaucoup de républicains « ne lui inspirent pas assez de confiance. Soyons tous ré-« publicains de mœurs, et, s'il reste quelques coups de fusil « à tirer, ce sera la partie la plus facile de notre tâche.»

L'article suivant, placé sous la rubrique de *Revue exté-rieure,* est, de tous ceux qui ont été publiés, l'un des plus dignes d'être médités, comme mettant complétement à nu la pensée des partis; il commence ainsi : «Le genre humain « est plus que jamais en marche d'accomplir les hautes des-« tinées que la loi du progrès lui impose....» Puis, après quelques phrases sans cesse rebattues sur les misères du peuple, on annonce le projet d'envisager quelques-unes des faces des événements contemporains.

On commence par parler de la situation de l'Angle-terre : « Cette ignoble pépinière de marchands, d'exploi-« teurs, de geôliers et de bourreaux...., qui ne se con-« tente pas de faire gémir ses prolétaires sous le triple «joug de la noblesse, de la prêtraille et des agioteurs, et qui « veut écraser nos frères du Canada..;» puis on ajoute : « A l'instar de toutes les monarchies; à l'instar de Char-«lemagne, le tueur de Saxons; de Charles IX, l'auteur « de la Saint-Barthélemy; de Louis XIV, l'assassin bigot «des Cévennes; de Bonaparte, le massacreur par excel-

6.

« lence; de Charles X, le mitrailleur; de Louis-Philippe,
« enfin, l'homme de novembre, de juin et de la rue Trans-
« nonain; à l'instar de tous ces infâmes, les valets de la
« royale poupée mettent tout à feu et à sang dans l'Amé-
« rique. »

Passant à l'examen de la situation des États-Unis, qu'il
traite de *république dérisoire*, d'*aristocratie grippe-sou*,
on y voit l'espérance de la réalisation prochaine des rêves
de *Collot d'Herbois*, de *Billaud-Varennes*, *ces héroïques
débris de 93.*

Les plus basses et les plus ignobles injures contre le
roi Léopold, contre la reine des Belges et l'auguste sœur
du Roi, terminent cette odieuse diatribe.

12ᵉ PIÈCE. 5ᵉ *NUMÉRO DU MONITEUR RÉPUBLICAIN.* — (Avril 1838.)

Ce numéro était réservé à faire le pendant du précédent,
en s'occupant exclusivement de l'intérieur; le principal
article est intitulé: *Revue générale. Extérieur.* Il débute
par regretter que l'intérieur de notre pays ne réponde
pas à l'espérance qu'inspirent les événements extérieurs,
de voir partout pulvériser les exploiteurs. « Pourquoi
« l'odieux tyran de Juillet n'a-t-il pas encore reçu le châ-
« timent de ses crimes contre le peuple? Pourquoi tant
« de luttes, tant de traverses, tant de défaites, ne nous
« ont-elles pas appris encore notre métier de conspira-
« teurs et de révolutionnaires? »

On comprend, après un tel début, comment peuvent
être jugés les faits sociaux et politiques et l'état du pays.
« *Il faut bien nous mettre dans la tête qu'il n'y a que
« moquerie, piperie, volerie en dehors de l'application
« des principes démocratiques*, en dehors du gouverne-
« ment républicain; moquerie, piperie et volerie surtout

« dans ce pitoyable Gouvernement à charte bâclée comme
« octroyée................... Quand il est représenté par
« un Louis-Philippe, un Talleyrand, un Decaze ou un
« Thiers.»

En voici la conclusion, elle est claire : « Il est temps
« à la fin de tirer l'épée du fourreau, et surtout de jeter
« le fourreau loin de nous. Mais ce serait encore risquer
« la partie que l'entamer autrement qu'en frappant de
« grands coups; et, puisqu'il faut nous expliquer, nous
« ne concevons rien de possible si l'on ne commence par
« attaquer la tête de la tyrannie, en d'autres termes, *par*
« *tuer Louis-Philippe et les siens :* nous prouverons cette
« nécessité dans notre prochain numéro..... »

Il semble, d'après une telle phrase, qu'il ne reste plus
rien à ajouter, et que le dernier mot, le dernier vœu venait
d'être dit et formulé. Non, la fureur va plus loin encore, et, dans un article inséré dans ce même numéro,
sous le titre : *Louis-Philippe et la royauté s'en vont ensemble,* on trouve encore occasion de jeter de nouvelles
offenses contre la personne du Roi. « Ainsi on dit que
« sa mort, si elle n'est pas le commencement d'une révo-
« lution immédiate, sera l'occasion d'une crise favorable;
« que ses fils sont incapables de conserver l'héritage volé
« par leur père. » Enfin on termine ainsi: « L'essai de la
« royauté fait par la bourgeoisie après la révolution de
« Juillet doit être le dernier; et, quand Louis-Philippe
« aura cessé de vivre, soit qu'il finisse dans son lit, soit
« qu'il se trouve quelque autre *Alibaud,* dont les coups
« réussissent, ce sera notre faute si la république ne
« triomphait pas : le moment peut être proche, il faut se
« tenir prêt........»

Enfin, dans un quatrième et dernier article, où l'on
voit rapprochés les noms les plus révérés et les plus saints,
ceux de Moïse, de Jésus-Christ, de ceux de Robespierre
et de Saint-Just, on signale celui de tous les hommes

qui, aux yeux du rédacteur, l'emporte sur tous les noms qu'il a cités, et on présente Billaud-Varennes comme le modèle de toutes les vertus politiques et privées.

13ᵉ PIÈCE. 6ᵉ *NUMÉRO DU MONITEUR RÉPUBLICAIN.*— (Mai 1838.)

Et pourtant toutes ces affreuses diatribes, tous ces blasphèmes contre la morale, tous ces outrages contre la royauté et la personne du Roi, ne sont que le prélude de ce que se proposaient les auteurs de ces publications dans le 6ᵉ numéro du journal. Celui-ci est spécialement consacré à la nécessité et à l'éloge du régicide; il a pour épigraphes ces trois sentences :

« On ne juge pas un Roi, on le tue. » (*Billaud-Varennes.*)
« On ne peut régner innocemment. » (*Saint-Just.*)
« Le régicide est le droit de l'homme qui ne peut obte-
« nir justice que par ses mains. » (*Alibaud.*)

Comme on le voit, cet article a pour objet de démontrer la thèse annoncée dans le numéro 5. A cet effet, et sans se dissimuler ce qu'il appelle lui-même *l'étrangeté de cette thèse,* l'auteur entre en matière, exposant pour principe que la moralité du but fait la moralité de l'action.

Il présente le progrès comme le devoir de l'homme, et la royauté comme contraire au progrès : d'où la conséquence qu'il faut se défaire de celui qui l'occupe; et, comme on ne peut l'attaquer de front, défendu qu'il est par 400,000 soldats et 1,200 millions : « Il n'y a donc « qu'une seule ressource à employer, le régicide, le ty-« rannicide, l'assassinat, comme on voudra qualifier *cette* « *action héroïque.* »

Et, pour que ce qu'il appelle *ce préjugé* n'arrête pas la main des assassins, le rédacteur ajoute: « Il est sans doute « beau d'être athée, mais cela ne suffit pas; il faut encore

« se bien pénétrer de la nécessité que le devoir impose ,
« de faire disparaître les rois et les royautés....... On
« n'est pas homme de sang pour faire couler économi-
« quement leur sang coupable......... Ainsi, si de nos
« jours les républicains de 93 n'avaient pas laissé échapper
« les parents de Louis XVI, s'ils n'avaient point songé
« à les faire punir sur la terre étrangère, on n'eût pas
« vu, etc., etc......... Et si, au lieu de laisser partir
« sottement Charles X et les siens, on avait eu le courage
« de le sacrifier à la justice populaire, on n'aurait pas eu
« bientôt les massacres de la Vendée........ Quelle est
« donc cette indigne pitié qui vous a saisis, esclaves, lâches
« et pusillanimes, si vous ne savez punir vos tyrans qu'en
« les reconduisant chapeaux bas à la frontière?......»

Après ces prémisses on arrive à Louis-Philippe , *objet
principal de notre article.*

On fait ressortir l'impossibilité actuelle d'un jugement
par une Convention nationale, qui ne pourrait avoir lieu que
si la révolution était faite; elle doit commencer par sa mort.
« Il est à regretter qu'aux beaux jours des sociétés po-
« pulaires on n'ait pas songé à s'attaquer à Louis-Philippe...
« C'est donc l'attentat que nous appelons de tous nos vœux,
« que nous entendons même exécuter tôt ou tard, si per-
« sonne ne nous devance...... L'homme de bien qui se
« sent de la force...... *est juge souverain de la vie ou
« de la mort du tyran.* Le tyran qui ne se fait faute d'au-
« cun crime contre le peuple doit, *à défaut de la Provi-
« dence, qui n'existe que pour des sots,* rencontrer un
« homme enfin qui le traite selon ses œuvres. Puisqu'il n'y
« a pas d'autre vie, il faut de toute nécessité faire l'office
« de bourreaux sur la terre contre ceux qui l'oppriment.
« Nous concluons donc, pour soutenir qu'il est préma-
« turé de s'occuper à bien discipliner les rangs démocra-
« tiques, de préparer les armes et les munitions pour le

«combat; qu'il n'y a qu'un seul moyen d'en finir prompte-
«ment et économiquement avec la tyrannie: c'est d'abattre
«la tête du tyran. Nous invitons, en conséquence, tous les
«républicains...... à ne prendre conseil que de leur
«courage et surtout de la prudence, et à courir sus, sans
«perdre un seul moment, contre Louis-Philippe et ceux
«de sa race.»

Assurément, à moins que le crime ne soit consommé,
on ne peut le concevoir plus énorme, plus effroyable
qu'il n'apparaît dans ces lignes.

14e PIÈCE. 7e *NUMÉRO DU MONITEUR RÉPUBLICAIN.* — (Juin 1838.)

Ce numéro est presque entier consacré à des réflexions
sur l'issue du procès Hubert et de ses complices, qui venaient d'être jugés par la cour d'assises. On cite le nom
des jurés qui ont été appelés à prononcer sur cette affaire;
on couvre d'ignominie et on voue à l'indignation publique les huit d'entre eux que l'on suppose avoir formé
la majorité nécessaire pour la condamnation prononcée,
par suite, dit-on, *du témoignage de gens infâmes vomis
par le bagne et accourus au secours de la royauté ago-
nisante.....*

On lit encore dans ce numéro : «Les mauvais jours
«touchent à leur terme; le peuple, fatigué, oppressé, et,
«en apparence, démoralisé par les turpitudes de la
«royauté, le peuple, qui ne donne pas, qui ne peut pas
«donner sa démission, quoi qu'on en dise, le peuple se
«lèvera bientôt avec nous pour écraser une dernière fois
«dans la fange la dernière tête de l'infâme royauté.»
Enfin, l'article est terminé par des réflexions sur les
guerres intestines des partis, et sur la perte d'un temps
précieux qui doit être employé à trouver les moyens de
détruire à la fois les tyrans et la tyrannie.

Ce même numéro, dans un dernier article, se plaint
d'une feuille publique qui s'était expliquée avec sévérité
sur le *Moniteur républicain :* «.......Nous sommes trop
« avancés pour la masse flottante des indécis; mais notre
« but principal étant le châtiment de Louis-Philippe, nous
« avons cru, en attendant le jour où nos moyens d'exé-
« cution seront prêts, qu'il fallait par avance obtenir, et
« nous avons la certitude d'avoir obtenu un résultat qu'il
« est facile de deviner, avec un peu de connaissance des
« frayeurs sans cesse renouvelées du tyran. »

15e PIÈCE. 8e *NUMÉRO DU MONITEUR RÉPUBLICAIN.* —(Juillet 1838.)

Dans ce numéro se retrouve une réponse au journal
le Peuple (celui-là qui a blâmé la feuille anarchique qui
nous occupe): «....Comment, dit-on, vous approuvez,
« à part vous, nos moyens révolutionnaires, vous seriez
« les premiers à battre des mains si nous réussissions à
« châtier Louis-Philippe, et cependant, etc., etc.? »
Enfin l'auteur ajoute « qu'il persévérera dans la guerre
« de personnalités contre toutes les dynasties....... et à
« appeler à grands cris le châtiment extra-légal de Louis-
« Philippe, en attendant le tour de ses compétiteurs en
« tyrannie. »
Le troisième et dernier article est relatif au procès
Laity. On y parle de Louis Bonaparte, comme nourrissant « la même soif de régner que notre vieux tyran....
« Pour nous, républicains de conviction, nous aurons
« toujours pour la royauté du fer et du plomb jusqu'à la
« mort. »
Après ce huitième numéro, le *Moniteur républicain*
cessa de paraître.
Depuis huit mois il existait, et il était, surtout dans la
Capitale, répandu à un grand nombre d'exemplaires. On
les jetait dans les boutiques, sous les portes, dans les

7

allées des maisons : on en a même envoyé des exemplaires par la poste.

Les motifs de la cessation du *Moniteur républicain* n'ont pu être bien éclaircis par l'instruction : on peut l'attribuer, comme un inculpé l'a fait entendre (le nommé *Guillemin*), à ce que la rédaction trop violente ne convenait pas aux hommes du parti : mais ce qui n'est que trop certain, c'est que, dès le mois d'août, il était remplacé par une autre feuille, imprimée avec un autre caractère, et qui prit le nom de l'*Homme libre;* nom qu'avait autrefois porté la feuille dans laquelle Babœuf prêchait ses détestables théories, et ce nom, arboré comme étendard dans un journal qui, comme on le verra, était destiné à célébrer ce même système et à s'en déclarer partisan, n'est pas un acte sans signification et sans portée.

16e PIÈCE. *1er NUMÉRO DE L'HOMME LIBRE.* — (Août 1838.)

Le premier numéro a été, comme tous ceux qui l'ont suivi, imprimé sur format in-4°, au lieu de l'être sur petit in-folio, comme le *Moniteur républicain,* il contenait trois articles. Le premier est une sorte de prospectus ressemblant beaucoup, quant au fond des idées, à celui du premier journal. Toutefois il affectait moins de cynisme dans le défi qu'il portait aux lois et aux pouvoirs, mais son but était le même. «La législation ne permet pas, y lit-on, «de démasquer hardiment la friponnerie, d'enlever à la «royauté le prestige qui lui reste, et d'exposer, sans ar-«rières pensées, les principes de justice et d'égalité, les «principes républicains qui tendent au bonheur de l'hu-«manité;» c'est-à-dire qu'on secoue le joug des lois qui exigent de salutaires garanties de la part de ceux qui fondent un journal, et on y annonce hautement le projet de combattre la royauté. On ajoute, toutefois, que dans l'in-

térêt même des principes on évitera de froisser trop ru-
dement de stupides préjugés.

Un autre article, intitulé : *Un dîner à Champlâtreux,*
plaisante la police sur l'inutilité de ses recherches pour le
Moniteur républicain, et de celles qu'elle fera désormais
à l'occasion de l'*Homme libre.*

Le second numéro parut le 4 septembre.

Le premier article est intitulé : *Au Peuple;* il donne de
la souveraineté du peuple des définitions qui attaquent le
principe et la force de notre Gouvernement, le droit de
propriété et l'état politique et social tout entier.

La révolution de Juillet y est considérée comme un re-
plâtrage de trône et de charte, comme l'élévation d'un
nouveau tyran, que plus loin on appelle un manequin
pensionné de douze millions; puis, dans l'ensemble de
cet article, apparaît déjà une tendance au système de
Babœuf, que l'on avouera dans les suivants. C'est ainsi
qu'on se demande pourquoi la répartition des biens de ce
monde n'est pas plus équitable? A quoi servent des palais
tandis que nos frères n'ont pas toujours une cabane pour
se reposer, etc.

Dans le troisième, les publicateurs de l'*Homme libre*
se défendent de l'imputation calomnieuse d'inimitié contre
les rédacteurs du *Moniteur républicain.*

Ce numéro contient deux articles; l'un a pour titre :
De l'héritage; l'autre est une sorte de proclamation adressée aux révolutionnaires.

Le premier a pour but de contester le droit de trans-
mission héréditaire des biens; c'est aux yeux de l'auteur

7.

une injustice et une spoliation, et il frappe du même ana-
thême le droit de propriété. Puis il continue ainsi : «Faut-
«il donc que les hommes justes se résignent sous le poids
«de la misère, parce que des fripons les dépouillent cons-
«tamment de la part de biens que la nature leur a donnée,
«parce que l'égoïsme se pose en maître sur leur domaine !
«Non, non! il faut au contraire battre en brêche un état
«de choses aussi déplorable; il faut que les bases sur
«lesquelles il repose craquent de toutes parts, et que les
«exploiteurs regorgent pour le salut et l'honneur et de
«l'humanité. . . . . Nous voulons que les aristocraties
«nobiliaires et pécuniaires tombent du piédestal que leur
«ont érigé les préjugés, et que la rapine qu'elles ont exer-
«cée au préjudice du peuple soit réparée par une restitu-
«tion. . . . . Les adroits fripons volent les honnêtes gens,
«et un jour vient où ces derniers arboreront l'étendard
«de la révolte et du nivellement.»

L'article intitulé : *Aux Révolutionnaires,* a pour objet
l'organisation de la république; il est terminé par ces
mots : «Révolutionnaires qui devez abattre l'hydre de la
«royauté, l'humanité vous en conjure, faites tout ce que
«vous pourrez pour que cette fois le mensonge ne trafique
«pas à son profit du courage et du sang le plus pur des
«nations. . . . . »

Enfin le n° 4 était à l'impression lorsque le commissaire
de police a surpris les imprimeurs en flagrant délit, et a
mis sous la main de la justice tout ce qui se trouvait
dans le local où s'opérait la descente.

La feuille qu'on imprimait était le n° 4 de *l'Homme
libre;* elle contenait quatre articles.

Le premier article est intitulé : *De la Communauté;* la
substance s'en trouve dans ces lignes : « Nous demandons
«la communauté telle ou à peu près telle que l'a comprise
«Babœuf, et comme lui nous ne cesserons de travailler à la
«propagande de nos principes, dussions-nous avant de
«réussir tomber victimes de l'ignoble royauté.....» On
parle du devoir des républicains, qui se sont dit : «Nous
«remplirons un devoir en détruisant de fond en comble
«l'édifice social, pour élever ensuite sur de nouvelles
«bases.....»

On lit : «Guerre à mort entre vous qui jouissez d'une
«insolente oisiveté et nous qui souffrons depuis si long-
«temps..... Le temps approche où le peuple exigera, les
«armes à la main, que ses biens lui soient restitués.....
«Ce que le riche possède n'est le plus souvent que le fruit
«de la rapine. La terre doit appartenir à tout le monde :
«ceux qui ne possèdent rien ont été volés par ceux qui
«possèdent.»

«Nous sommes vingt-quatre millions de pauvres et nos
«ennemis sont en petit nombre : or, pour être vainqueurs,
«il nous suffit de bien comprendre d'abord nos devoirs
«et ensuite nos droits.....» Puis un autre se trouve indiqué par les passages suivants : «Nous devons sans re-
«lâche semer les germes de la fraternité parmi les soldats,
«qui, par ignorance, se constituent les suppôts du bri-
«gandage..... Nous devons leur faire comprendre que les
«scélérats auxquels ils prêtent l'appui de leurs baïon-
«nettes font subir toutes les tortures de la misère à
«leurs familles.» Puis on dit : «Comprenez votre dignité
«d'homme; écrasez l'injustice, car vous en êtes victimes;
«et si jamais vous tournez vos armes contre des poitrines

«humaines, que ce soit au moins pour laver dans le sang
«des tyrans et de leurs valets les affronts que l'humanité
«a reçus d'eux. »

Le second article, intitulé : *Le Journalisme,* réprimande
la presse en général de sa mollesse et de sa peur ; il lui
reproche de ne pas développer les principes républicains
et de s'occuper de thèses religieuses. « Il devrait aborder
«les questions de principes..... Aujourd'hui nous voulons
«plus qu'un changement d'hommes..... Il devrait dire :
«tout ce qui tient au culte est contraire au progrès, en
«même temps qu'on déraisonne toujours si on est reli-
«gieux. »

Tel est l'ensemble de la feuille qu'imprimaient trois des
accusés traduits en ce moment devant la cour d'assises de
la Seine lorsque le commissaire de police pénétra dans le
local.

Quoique le procès du *Moniteur républicain* et du
journal *l'Homme libre* ait été un procès distinct de celui
des poudres de la rue de l'Oursine et de la fabrication
des cartouches, et quoique ces publications remontent à
une époque antérieure à la révolte des 12 et 13 mai, il est
difficile de méconnaître les rapports qui unissent ces différents faits.

D'une part, la similitude des doctrines est frappante :
les statuts des sociétés secrètes qui ont existé sous divers
noms, les correspondances de leurs affiliés, les projets
de proclamation, le *Moniteur républicain* et le journal
l'Homme libre, expriment tous, avec des expressions
plus ou moins violentes, la volonté d'établir la république, l'égalité des rangs et des fortunes, l'apologie de
la révolte et du régicide ; partout on trouve l'excitation
la plus directe à ceux qui travaillent, à la haine et à la
destruction de ceux qui possèdent.

D'autre part, les statuts des sociétés secrètes pres-
crivent aux adeptes d'êtres munis d'armes et de garder

le silence devant la justice; et l'on voit les hommes employés à la publication des feuilles anarchiques travailler à l'impression, les armes à la main, et presque tous refuser obstinément toute explication aux organes de la loi.

Enfin il n'est pas un de ces faits qui ne compte, parmi ses auteurs présumés, quelqu'un qui ait figuré dans les faits précédents, comme pour établir l'identité et la persévérance de la direction qui préside à cette guerre à outrance livrée à toutes nos institutions.

Ainsi, ce n'est sans doute pas par un pur effet du hasard, que dans le lieu où s'imprimait le *Moniteur républicain* on a trouvé plusieurs exemplaires du journal *l'Homme libre*, et plusieurs exemplaires du *Moniteur républicain* au domicile de *Fomberteaux*, chez lequel s'imprimait *l'Homme libre*; ce n'est pas par hasard que l'imprimerie de l'un de ces journaux a évidemment servi à l'autre, et que les rédacteurs de tous les deux se connaissent entre eux, puisque le n° 2 de *l'Homme libre* démentait le bruit de l'arrestation des auteurs du *Moniteur républicain*, et le bruit que ceux-ci étaient les ennemis de ceux de *l'Homme libre*.

Ce n'est pas par hasard que *Fomberteaux* père, portier de la maison où s'imprimait *l'Homme libre*, et compromis dans le procès de ce journal, a été arrêté dans la révolte du 13 mai à la barricade Grenétat, tandis que son fils était détenu, et allait paraître devant la cour d'assises, comme se confessant l'éditeur de ce journal.

Que dire aussi de *Barbès* et *Blanqui* qu'on voit paraître successivement dans l'affaire de la rue de l'Oursine et dans les événements du 12 mai; de *Gambin*, l'un des accusés du *Moniteur républicain*, et qui était l'imprimeur de *Pépin*; de *Lecomte*, l'un des accusés de *l'Homme libre*, second mari de la veuve *Pépin*, précédemment arrêté pour avoir porté des couronnes sur les tombes de *Pépin* et de *Morey;* que dire de cet autre accusé qui avait été successivement poursuivi pour les troubles d'avril 1834, compromis en 1836 dans la procédure d'*Alibaud,* au projet duquel il avait été initié, et en 1839 pour avoir distribué à Perpignan le *Moniteur républicain.*

Que dire enfin des autres accusés du *Moniteur républicain* et de *l'Homme libre?* N'étaient-ils pas des vétérans des sociétés secrètes depuis 1830? n'avaient-ils pas tous été plusieurs fois arrêtés ou poursuivis depuis cette époque pour des faits politiques?

Si le retour périodique de tant d'individus dans des trames dont le but est le même pouvait laisser du doute sur la combinaison systématique de tous ces moyens de destruction, il faudrait renoncer désormais à trouver rien de certain dans les motifs des actions humaines.

Il n'est que trop évident que toutes ces menées, toutes ces attaques aboutissent à un centre commun, dont les formes ont pu varier, mais dont la tendance est inflexible, et dont les moyens d'action restent les mêmes.

L'association a d'abord existé presque publiquement sous le nom de *Société des droits de l'homme;* dissoute en 1834, elle renaquit de ses cendres sous le nom nouveau de *Société des familles,* qui, à son tour, fut frappée par la loi en 1837. Au moment de l'insurrection du 12 mai, c'était la *Société du printemps;* ou des *Saisons* qui paraissait réunir dans son sein le plus grand nombre des révoltés.

L'organisation de cette société a été exposée par le prévenu *Nouguès* avec une grande netteté dans son interrogatoire du 8 de ce mois (de juin), subi devant M. le Chancelier; il a déclaré que la plus petite subdivision se compose de six hommes et d'un chef; cette subdivision forme une *semaine,* et le chef s'appelle un *dimanche;* quatre semaines réunies composent un mois, et présentent

28 hommes, et 29 avec le chef qui s'appelle un *juillet;*
trois mois forment une *saison,* qui est commandée par
un chef qu'on appelle *un printemps;* une saison comprend
88 hommes; enfin, quatre *saisons* réunies forment une
année, commandée par un chef qui s'appelle *agent révolutionnaire.*

Nouguès a déclaré également que, d'après le nombre
des chefs qu'il a vus, il n'y avait pas plus de trois *années;*
que *Barbès, Blanqui, Martin Bernard,* étaient chefs au
même titre; il a ajouté que la *Société des Saisons* a succédé à celle des *Familles.*

Il paraît que la société des *Saisons* ne se concen-
trait pas à Paris. Elle devait, comme celles qui l'avaient
précédée, chercher à étendre sur toute la France son
fatal réseau. Malgré le mystère dont son organisation
même lui permettait de s'environner, l'autorité a pu suivre
ses trames secrètes; mais il ne saurait entrer dans notre
mission de reproduire ici ses développements divers. Un
seul fait, se rattachant intimement par l'un des accusés
aux événements de mai, doit ici nous suffire; c'est à l'un
des membres du comité exécutif, c'est à *Barbès* qu'il
appartient encore. Avant de venir à Paris, *Barbès* habi-
tait le département de l'Aude. Une partie de sa famille y
réside, et il y possède quelques propriétés. Dans ses divers
voyages à Carcassonne, *Barbès* n'a pas perdu de vue les
intérêts criminels dont il était là le représentant, et il
a cherché à y créer une société secrète.

C'est pour cela qu'il avait remis à un sieur *Alberny*
un document relatif à la réception des nouveaux affiliés.
Ce document n'est, en quelque sorte, que la répétition
de celui que l'autorité administrative avait transmis, en
1836, à l'autorité judiciaire, et dont nous avons déjà eu
l'honneur de vous parler. Il nous paraît cependant utile
de le reproduire ici. Écrit tout entier de la main de *Barbès,* il confirme par son ensemble et par ses détails les

8

révélations obtenues deux ans avant sa saisie. Il sert également à bien faire connaître l'un des hommes que tant
d'écrits signalent déjà, et que les faits commis au milieu
de l'insurrection doivent vous signaler encore.

« Le récipiendaire est introduit les yeux bandés.
« Le prés... au présentateur : Quel est le nom du nou-
« veau frère que tu nous amènes ?
« Au récipiendaire : Citoyen (le nom), quel est ton âge ?
« ta profession ? le lieu de ta naissance ? ton domicile ?
« quels sont tes moyens d'existence ?
« As-tu réfléchi sur la démarche que tu fais en ce
« moment, sur l'engagement que tu viens contracter ? Sais-
« tu bien que les traîtres sont frappés de mort ?
« Jure donc, citoyen, de ne révéler à personne rien de
« ce qui se passera dans ce lieu.
« Le prés. fait les questions suivantes : 1° Que penses-tu
« de la royauté et des rois ? — 2° Comment la royauté,
« que tu déclares si mauvaise, se maintient-elle ? — 3°
« Quels sont maintenant les aristocrates ? — 4° Faut-il
« se contenter de renverser la royauté ? — 5° Que de-
« vons-nous mettre à la place ? — 6° Pourquoi la Répu-
« blique est-elle le seul gouvernement légitime ? — 7° Quels
« sont les devoirs de chaque citoyen ? — 8° Quels sont ses
« droits ? — 9° Celui qui ne remplit point ses devoirs doit-
« il avoir des droits ? — 10° Ceux qui ont des droits, sans
« remplir les devoirs, comme maintenant les aristocrates,
« font-ils partie du peuple ? — 11° Comment le peuple
« manifeste-il sa volonté ? — 12° Une chambre de députés
« peut-elle faire la loi ? — 13° Immédiatement après la
« révolution, le peuple pourra-t-il se gouverner lui-même ?
« — 14° En résumé, quels sont donc tes principes ?
« Citoyen, les principes que tu viens d'énoncer sont les
« seuls justes, les seuls qui puissent faire marcher l'huma-
« nité vers le but qui lui est fixé ; mais leur réalisation n'est

«pas facile; nos ennemis sont nombreux et puissants; ils
«ont à leur disposition toutes les forces sociales; nous,
« républicains, notre nom même est proscrit, nous n'avons
«que notre courage et notre bon droit; réfléchis, il en est
«temps encore, sur tous les dangers auxquels tu te voues
«en entrant dans nos rangs. Le sacrifice de la fortune, la
«perte de la liberté, la mort peut-être, es-tu décidé à les
«braver?

«Ta réponse nous est la preuve de ton énergie.—Lève-
«toi, citoyen, et prête le serment suivant :

«Au nom de la République, je jure haine éternelle à
«tous les rois, à tous les aristocrates, à tous les oppres-
«seurs de l'humanité. Je jure dévouement absolu au
«peuple, fraternité à tous les hommes, hors les aristo-
«crates. Je jure de punir les traîtres. Je promets de
«donner ma vie, de monter même sur l'échafaud, si ce
«sacrifice est nécessaire pour amener le règne de la sou-
«veraineté du peuple et de l'égalité.

«Le prés.... lui met un poignard à la main.

«Que je sois puni de la mort des traîtres, que je sois
«percé de ce poignard, si je viole mon serment! je consens
«à être traité comme un traître, si je révèle la moindre
«chose à quelque individu que ce soit, même à mon plus
«proche parent, s'il n'est point membre de l'association. »

«Le prés....: Citoyen, assieds-toi; la société reçoit ton
«serment, maintenant tu fais partie de l'association, tra-
«vaille avec nous à l'affranchissement du peuple.»

«Citoyen, ton nom ne sera point prononcé parmi nous,
«voici ton numéro d'inscription dans l'atelier.—Tu dois te
«pourvoir d'armes, de munitions. — Le comité qui dirige
«la société restera inconnu jusqu'au moment où nous
«prendrons les armes.—Citoyen, un de tes devoirs est de
«répandre les principes de l'association. — Si tu connais
«des citoyens dévoués et discrets, tu dois nous les pré-
«senter.

8.

«Le récipiendaire est rendu à la lumière.

«Le citoyen qui fait la réception vient à l'aide du «récipiendaire toutes les fois qu'il est embarrassé pour «répondre.

«*Réponses.* — 1° Qu'elle est exécrable, que les rois sont «aussi funestes pour l'espèce humaine que les tigres pour «les autres animaux.

« 2° Parce qu'elle a associé quelques classes du peuple «à l'exploitation qu'elle fait de toutes les autres; elle a «constitué une aristocratie.

« 3° L'aristocratie de naissance a été détruite en juillet «1830; maintenant les aristocrates sont les riches, qui «constituent une aristocratie aussi dévorante que la «première.

« 4° Il faut détruire les aristocraties quelconques, les pri- «viléges quelconques; autrement ce ne serait rien faire.

« 5° Le gouvernement du peuple par lui-même, c'est-à- «dire la République.

« 6° Parce que seule elle est fondée sur l'égalité, que «seule elle impose à tous des devoirs égaux, et donne les «mêmes droits.

« 7° L'obéissance à la volonté générale, le dévouement «à la patrie, et la fraternité envers chaque membre de la «nation.

« 8° Le droit à l'existence; à la condition du travail, «chaque homme doit avoir son existence assurée. Le droit «à l'éducation. L'homme n'est point seulement composé de «matière, il a une intelligence. Cette intelligence a le droit «de vie comme le corps; ainsi le droit à l'éducation n'est «que le droit à l'existence spirituelle — le droit électoral.

« 9° Par cela seul qu'il ne remplit point ses devoirs, il «abdique son droit de citoyen.

« 10° Ils ne devraient point en faire partie; ils sont pour

«le corps social ce qu'est un cancer pour le corps humain;
«la première condition du retour du corps à la santé, c'est
«l'extirpation du cancer: la première condition du retour
«du corps social à un état juste, est l'anéantissement de
«l'aristocratie.

« 11° Par la loi, qui n'est autre chose que l'expression
«de la volonté générale.

« 12° Non, elle ne peut que la préparer pour la soumettre
«au peuple, qui l'approuve ou la rejette.

« 13° L'état social étant gangrené, pour passer à un état
« sain, il faut des remèdes héroïques; le peuple aura besoin
«pendant quelque temps d'un pouvoir révolutionnaire.

« 14° Qu'il faut exterminer la royauté et toutes les aris-
«tocraties, substituer à leur place la République, c'est-à-
«dire le gouvernement de l'égalité; mais, pour passer à ce
«gouvernement, employer un pouvoir révolutionnaire
«qui mette le peuple à même d'exercer ses droits.»

A côté de cet écrit, dont la lecture nous dispense de
tout commentaire, fut saisie à la même époque une pièce
tout entière de la main du sieur *Alberni,* et qui prouve
quels étaient déjà les effets de ce prosélytisme coupable.
C'est encore un formulaire, par questions, à l'usage des
récipiendaires; il participe, tout à la fois, de celui qui
avait été administrativement obtenu, et de l'œuvre de
Barbès.

Il atteste, par là, toute la puissance d'action de cette
propagande anarchiste, à la tête de laquelle ce dernier
s'était placé. A ce titre, il est, à nos yeux, comme le com-
plément de cet ordre de faits.

Du reste, à Carcassonne comme à Paris, les théories
à l'aide desquelles on voulait tenter les instincts populaires
et entraîner les masses ne s'arrêtaient pas à une révolution politique. — Le nivellement des propriétés était
aussi, comme nous l'avons déjà dit, la tendance avouée

et le résultat promis. C'est ainsi qu'en 1837, sous le prétexte d'un appel à la bienfaisance publique, *Barbès, Alberny*, et quatre autres personnes, publièrent à Carcassonne un écrit intitulé : *Quelques mots à ceux qui possèdent, en faveur des prolétaires sans travail*, et qu'il est
important de vous faire connaître.

«QUELQUES MOTS

«À CEUX QUI POSSÈDENT, EN FAVEUR DES PROLÉTAIRES «SANS TRAVAIL.

«Messieurs,

«Sur un vaisseau en péril, la solidarité du danger fait
«concourir à la manœuvre, et change quelquefois en
«pilote le passager dont les fonctions sont nulles lorsque
«les flots et les vents sont propices.

«A plus forte raison, dans les détresses sociales, est-
«il du devoir de tout citoyen de payer à la patrie le
«tribut de sa pensée, de ses conseils, et même de ses
«prières.

«C'est ce devoir que nous venons accomplir aujour-
«d'hui, Messieurs. Sans fonctions dans les temps ordi-
«naires, passagers obscurs et peut-être dédaignés, nous
«venons vous dire: Le vaisseau sombre; voici une voie
«d'eau : à l'aide! à l'aide! portons-y le chanvre et le
«goudron.

«Messieurs, la portion la plus intéressante et la meil-
«leure du peuple, cette portion qui, par l'injuste consti-
«tution de la société, est condamnée à produire toujours
«sans jamais recueillir, se trouve privée maintenant de
«son unique ressource, le travail.

«Vous savez la misère extrême qui, durant tout cet
«hiver, a torturé cette classe infortunée. L'été, disait-on,
«en rouvrant les travaux de la campagne, apportera du
«soulagement à ses maux. L'été est arrivé, donnant la
«nourriture aux bêtes des champs, fournissant la pâture
«aux petits des animaux; mais, pour l'homme malheu-
«reux à qui la loi, qu'il n'a point faite, crie sans cesse:
«Ce champ n'est pas à toi, éloigne-t-en : ces moissons
«sont à un autre, garde-toi d'y toucher; l'été n'est plus
«fécond, et la terre marâtre, alors qu'elle se couvre de
«richesses et de fruits, semble lui porter le défi tenta-
«teur que subissait Tantale par l'ordre des infernales
«puissances.

«Puis, ne serait-ce pas une mauvaise fin de non-re-
«cevoir que de renvoyer aux travaux de la campagne la
«population que l'industrie manufacturière a allanguie!
«et, pour prendre un exemple, ne serait-ce point une dé-
«rision barbare que d'offrir les travaux agrestes pour
«ressource aux 600 individus jetés sur le pavé par la
«fermeture du plus considérable des établissements de
«notre ville, lorsqu'il est de science acquise aujourd'hui
«que la division du travail, tout en favorisant, en per-
«fectionnant la production, rend l'homme impropre à
«tout autre labeur qu'à celui qui, depuis son enfance,
«occupe ses bras!

«Messieurs, le premier de tous les droits est le droit
«de vivre, que l'homme apporte en naissant. Devant lui
«disparaissent toutes les conventions sociales que la na-
«ture n'a point ratifiées. Le pauvre se soumet à leurs in-
«jonctions, quoiqu'il en soit la victime; mais si nous
«étions insensibles à ses douleurs, ne mériterions-nous
«point qu'il foulât aux pieds l'injuste loi humaine qui lui
«ordonnerait de mourir?

«Aussi, Messieurs, ce n'est pas ce qu'on appelle vul-

«gairement la charité que nous venons vous demander
«au nom de nos frères infortunés; non : la cause que nous
«plaidons est trop juste et trop sainte pour que nous ne
«vous fassions pas entendre un mâle et sévère langage.
«C'est l'accomplissement d'un devoir que nous vous de-
«mandons, car le droit du pauvre à l'existence n'est point
«périmé, et c'est ce droit auquel le démocrate fils de
«*Marie* donnait la sanction de sa puissante parole, lors-
«qu'il s'écriait : «Les riches ne sont que les économes du
«bien des pauvres.»

   «Depuis longtemps, il est vrai, les enseignements de
«l'illustre prolétaire sont tombés en désuétude. Des
«hommes se sont trouvés qui, embrassant comme un
«métier l'interprétation de sa féconde parole, ont donné
«au monde le spectacle de traîtres, désertant la cause du
«peuple pour passer dans le camp des puissants et des
«riches. Plus infâmes que Judas, qui n'a livré que le
«corps de son maître, ils l'ont trahi d'une manière plus
«perfide, en pervertissant son langage. Ainsi, pour flatter
«l'orgueil de ceux dont ils se sont faits les complices, ils
«ont dit que *Christ*, en nous ordonnant la charité, qui
«n'est pas autre chose que l'amour du prochain, nous
«recommandait seulement de donner une misérable au-
«mône, comme l'on jette à un chien quelques bribes d'un
«festin.

   «Non, encore une fois, ce n'est point cette charité ainsi
«amoindrie que nous vous demandons. Réveillez dans
«vos cœurs la vraie charité, celle que *Christ* et la nature
«nous commandent. Pensez à vos frères infortunés, à
«leurs souffrances, à leurs droits, à leurs mérites. Savez-
«vous bien que, pendant que leurs estomacs sont tor-
«turés par la faim, ailleurs on gaspille des millions pour
«célébrer les noces de je ne sais quel jeune homme in-
«connu à la France avec la fille de quelque hobereau
«d'Allemagne. Qu'importe, il est vrai, à certaines gens

«qu'une partie du peuple français meure de faim ; ce qui
«a le droit d'émouvoir leurs entrailles, ce qui excite leur
«jubilation, c'est que l'aîné de la race a enfin rencontré
«une épouse.

«Il est brutal et stupide l'égoïsme de ces gens-là, car
«à leurs orgies provocantes, le peuple, s'il s'en mêlait,
«pourrait répondre autrement que par des gémissements
«et par des larmes.

«N'aurions-nous point honte de les imiter, Messieurs?
«pourrions-nous oublier que dans ce monde, comme sur
«le vaisseau en péril, il y a solidarité pour tous, et qu'il
«est insensé autant qu'absurde de contempler la tempête,
«les bras croisés, en murmurant tout bas le cruel axiôme :
«chacun pour soi, Dieu pour tous.»

«Et vous, frères malheureux et délaissés, qui, en voyant
«le méchant se retrancher derrière cette maxime, avez été
«portés peut-être à mettre en doute l'existence de l'au-
«teur de la nature, ne blasphémez pas son saint nom :
«ce n'est point lui, source éternelle de toute justice et
«de toute bonté, qui peut commander à l'homme d'être
«égoïste et sans pitié; les méchants lui ont prêté leur
«langage, ils l'ont peint à leur image; malheur à eux, car
«Dieu n'est pas le complice des méchants et des tyrans,
«il sera leur juge sévère et inflexible.

«Ne nous accusez pas non plus d'avoir gâté votre
«cause par l'âpreté de nos paroles : nous sommes francs
«et véridiques avant tout, et même, dans cette occasion
«où nous désirons si ardemment voir la classe qui pos-
«sède consacrer une partie de son superflu à secourir
«votre misère, nous ne pouvons dissimuler que nos sym-
«pathies sont tout entières de votre côté; nous eussions
«craint de vous humilier en nous servant pour vous d'un
«langage bas et flagorneur; car, comme le disait un ver-
«tueux jeune homme, qui expia, sur l'échafaud de ther-
«midor, le crime d'avoir trop aimé le peuple : «Les mal-

9

« heureux sont les puissances de la terre ; ils ont le droit
« de parler en maîtres aux gouvernements qui les né-
« gligent. »

« Messieurs, nous vous proposons une souscription au
« profit de nos frères, les prolétaires sans travail ; Mes Bau-
« sil, Callat et Cazes, notaires, se chargent de recevoir
« les fonds.

« Dans quelques jours nous publierons les noms des
« personnes qui voudront bien concourir avec nous à cette
« œuvre équitable et nécessaire.

« Nous vous présentons, Messieurs, nos salutations
« bienveillantes.

> « Armand Barbès ; Alberny aîné ; Fages,
> « avocat ; Doux jeune, négociant ; Trin-
> « chant, avocat ; Paliopy. »

Carcassonne, imprimerie de L. Pomiés-Gardel.

Telles ont été, messieurs, dans ces derniers temps, et
jusqu'au jour de l'insurrection, les dispositions mysté-
rieuses à l'aide desquelles l'esprit de révolte s'alimentait
lui-même, en s'excitant incessamment au bouleversement
et à la guerre civile.

1839 fut choisi comme l'année pendant le cours de laquelle devait être tenté le nouveau coup de main du parti.
Aux circonstances appartenait le choix du moment ; mais
afin qu'elles ne fussent pas plus fortes que les conspirateurs, il importait, pour les armes, pour le plan, pour le
nombre, d'être prêts à chaque signal. Aussi, le premier
soin que devaient prendre les chefs auxquels *il fallait
obéir, suivant toute la rigueur de la discipline militaire,*
était de rappeler à Paris tous ceux qui s'en étaient
éloignés.

Barbès était de ce nombre; il était allé prendre sa part, à Carcassonne et à Montpellier, de la dernière agitation électorale.

Aux premiers jours d'avril, il se trouvait encore dans le département de l'Aude. Le 9 avril, il fit viser à Carcassonne son passe-port pour Toulouse. Au moment de son départ, il disait à ses voisins de campagne, à ses amis de la ville et à ses serviteurs, qu'il allait passer une quinzaine de jours à *Marseille* ou à *Toulon,* et le 23, il arrivait à Paris.

Quel est le motif de ce brusque départ? de ce mystère qui l'entoure? de ce soin avec lequel *Barbès* donne le change à ceux auxquels il est contraint d'avouer son projet? de cette fausse direction qu'il imprime, dans ses confidences forcées, à son voyage?

Le passé de *Barbès* avait répondu d'avance; mais l'attentat des 12 et 13 mai est venu donner à cette réponse une terrible confirmation. Ce qu'il importe d'établir ici, c'est que, si *Barbès* est parti pour se trouver à Paris aux jours de la révolte, il n'a pas, en cela, spontanément obéi à sa propre impulsion. Le mot d'ordre, ou plutôt le mot de ralliement, est venu de Paris : la preuve écrite en est presque toute entière dans les éléments de l'instruction. C'était cependant une preuve bien difficile : *il n'y a rien d'écrit dans l'association.* Telle est, depuis les dernières poursuites, la règle inviolable des sectaires, selon leurs statuts, et selon leur langage. Aussi chacun doit comprendre que si, pour correspondre entre eux, une lettre est une rare nécessité, elle est détruite aussitôt que reçue. La perquisition opérée chez *Barbès* a cependant placé sous la main de la justice un document précieux. On a saisi, en effet, dans son habitation de Fourtou (Aude), un fragment d'enveloppe qui atteste une correspondance secrète avec Paris. Cette enveloppe renfermait une lettre pour lui, et un mot ainsi conçu : « Je prie M. *Carle* (c'est le beau-frère de l'inculpé)

9.

« de faire tenir cette lettre à *Armand,* quel que soit le
« lieu où il se trouve, de la lui expédier à Montpellier, si
« par hasard il y était retourné. Je lui serais très-obligé
« de sa complaisance. »

« Son tout dévoué. »

Ce mot, qui est si important en lui-même, par le mystère de sa forme, par la preuve qu'il renferme de rapports
antérieurs et fréquents, et par l'urgence manifeste de la
communication désirée, est sans signature; mais il est
suivi d'un paragraphe attaché à deux lettres à peine formées, laissant lire cependant un *A* et un *B.*

Il est de la main d'*Auguste Blanqui;* les lettres du pa-
raphe, qui ne sont autres que ses initiales, l'indiquent;
une expertise le reconnaît. Le timbre de la poste lève
tous les doutes; *A. Blanqui* demeure à Gency, près
Pontoise; et c'est à *Pontoise* que cette lettre a été timbrée
au départ.

La date de ce départ est chose grave: c'est au dernier
jour de février 1839, le 28, deux jours avant l'époque
de la première convocation des Chambres, alors que la
crise ministérielle commençait, et que le malaise et l'in-
quiétude publique avaient remplacé, pour un instant, le
sentiment du bien-être et de la sécurité générale.

Le mystère de cette enveloppe est grave encore. Pourquoi cacher les fils de sa correspondance, si cette correspondance n'est pas une correspondance coupable? Il y a
même eu cela de remarquable qu'*Auguste Blanqui,* en
même temps qu'il voulait laisser ignorer le nom de celui
à qui il écrivait, de *Barbès,* cherchait aussi à dissimuler
le sien. C'est lui qui a écrit les quelques lignes que vous
venez d'entendre, mais c'est à une autre main que la
sienne que l'adresse doit être attribuée.

Certes, après de pareilles observations, lorsque les lettres ne sont pas représentées, lorsque l'auteur de ces lettres a pris la fuite, lorsque *Barbès* arrive à Paris, quelques jours après leur réception, lorsqu'il refuse d'expliquer, sur ce point, toutes les circonstances que l'instruction a groupées contre lui, il est bien permis d'accueillir avec confiance ce fait grave, qui signale le comité de Paris comme un comité central, ralliant autour de lui les hommes d'action, dont la présence importait aux projets de l'association.

L'instruction qui se poursuit en ce moment est sur la trace de faits de même nature. Dans quelques villes, les événements du 12 étaient annoncés le jour même, et des lettres, fondées sur des prétextes plus ou moins plausibles, appelaient à Paris des hommes qui n'ont pas su toujours rendre un compte satisfaisant des lettres reçues et de la précipitation du retour. Nous avons cru devoir passer sous silence ces faits que la procédure criminelle entrevoit et qu'elle cherche encore, en ce moment, à pénétrer de sa lumière. Mais il en est un si considérable et si bien établi, qu'il appartient surtout à votre appréciation.

Au nombre des personnes qui ont été transportées à l'un des hospices de Paris, et qui y sont mortes de leurs blessures, se trouvait le nommé *Émile Maréchal,* ancien élève de l'école d'Angers. *Maréchal* avait été blessé à mort, au milieu de la révolte, sur une barricade, et les armes à la main. Il avait été frappé d'un coup d'épée, dans la rue Grenétat, par un officier de la garde municipale, au moment où celle-ci s'emparait, par la force, de la barricade qui fermait cette rue. Une perquisition fut faite, à l'instant, à son domicile, et elle amena la saisie d'une lettre qui lui était adressée, le 4 avril 1839, dans le département de l'Ain, où il se trouvait alors, par un nommé *Eugène Mouline,* ingénieur, âgé de 28 ans, né à

Carcassonne, et qui avait été élevé avec *Maréchal,* à l'é-
cole d'Angers. Cette lettre est l'un des documents importants de la procédure : elle doit être mise sous vos
yeux :

«Mon cher *Maréchal,* j'ai appris avec plaisir. . . . .
«qu'enfin tu tournais tes regards du côté du soleil levant,
«du côté de cet astre du monde, lumière des intelligences
«dont, pour le moment, j'ai l'honneur d'être un sublime
«rayon. Hâte-toi! si tu ne veux pas le voir échancrer sans
«assister à la fête, car tout me dit qu'ici il se prépare dans
«les entrailles de la cité un jour de jubilation et de fièvre,
«où nous pourrons nous enivrer du parfum de la poudre
«à canon, de l'harmonie du boulet et de la conduite extra-
«muros de cette famille royale, que nous enverrons pro-
«bablement faire son tour de France pour lui apprendre
«à vivre.
«Ce soir, les magasins d'armes antiques étaient, ou plu-
«tôt sont gardés par des compagnies de la ligne; des ras-
«semblements se forment, et de sourdes rumeurs dans les-
«quelles on entend par moment les cris de liberté et de pa-
«triotisme, de république, d'harmonie fourriériste, etc.,
«circulent. On ne s'aborde plus qu'en se demandant ce qui
«se dit, ce qui se fait plus loin: enfin, je te dis qu'il y a quel-
«que chose de prêt à éclore, et je crains bien que le con-
«cours et la bonne volonté des hommes positifs ne soient
«plus suffisants. Dieu veuille nous épargner encore cette
«épreuve!
«Si la nuit se passe tranquille, j'augurerai bien de la
«suite, mais je crains beaucoup. En attendant, les affaires
«sont totalement arrêtées; la formation de ce semblant de
«ministère a empêché beaucoup de faillites; cependant il
«y en a beaucoup trop. *Eastowd* a fait faillite décidement;
«*Frey* a été saisi dans ses meubles : cependant il continue
«de travailler; on dit que *Debergue* va renvoyer ses ou-

«vriers; c'est encore une épidémie comme il y a deux
«ans. . . . . , ...

« Je pioche dans les intervalles de mes courses à la
« découverte, et je termine mes dessins de l'exposition;
« sous peu je me croiserai les bras, car je ne sais plus vers
« quel point me tourner.

« Adieu jusqu'au retour,

« Ton dévoué, E. *Moulines.*»

Nous n'avons rien à ajouter à la lecture de ce document. Vous le voyez, Messieurs, lorsque nous vous
annoncions tout à l'heure qu'au moment où l'attentat avait été résolu, un appel avait été adressé à tous
les fanatismes, nous n'étions que les historiens fidèles d'un fait acquis aujourd'hui comme une terrible
vérité.

Cet appel fut entendu. *Barbès, Maréchal,* et tous ceux
dont les noms appartiennent encore aux recherches judiciaires revinrent à Paris.

Là tout fut organisé pour la lutte. Le comité exécutif
s'assembla souvent, et toujours dans des lieux différents,
cherchant ainsi à cacher à l'autorité qui veillait ses criminelles menées. Son premier soin fut de dresser ses
plans d'attaque, de distribuer les grades, d'instituer un
gouvernement provisoire, de rédiger, pour le combat, un
ordre du jour.

Par cet ordre du jour, *Auguste Blanqui* était investi
du *commandement en chef; Barbès, Martin-Bernard,
Meillard, Nétré,* étaient nommés *commandants des divisions des armées républicaines.*

Comme pour le *Moniteur républicain* et *l'Homme*

libre, une presse clandestine servit à l'impression de cette proclamation, destinée à doubler l'énergie des forts, à faire cesser les irrésolutions des faibles, à entraîner les masses, en leur promettant le succès après la révolte. Mais le succès promis manqua à une telle entreprise; la proclamation fut lue sur les marches de l'Hôtel-de-Ville à la bande des insurgés; mais le pays l'aurait ignorée sans le hasard qui a permis à la justice d'en saisir un exemplaire et de le soumettre à votre attention. Au moment du pillage commis chez les frères Lepage, cet exemplaire fut abandonné dans leur magasin. Plus tard, il fut remis par eux à l'appui de leur déclaration. Vous allez juger par sa lecture de tout ce qu'il y a de persévérance et d'intensité dans les rêves incendiaires des coupables.

« Aux armes, citoyens !

« L'heure fatale a sonné pour les oppresseurs.

« Le lâche tyran des Tuileries se rit de la faim qui dé-
« chire les entrailles du peuple; mais la mesure de ses
« crimes est comblée : ils vont enfin recevoir leur châti-
« ment.

« La France trahie, le sang de nos frères égorgés
« crie vers vous et demande vengeance; qu'elle soit
« terrible, car elle a trop tardé. Périsse enfin l'exploita-
« tion, et que l'égalité s'asseye triomphante sur les débris
« confondus de la royauté et de l'aristocratie.

« Le gouvernement provisoire a choisi des chefs mi-
« litaires pour diriger le combat; ces chefs sortent
« de vos rangs; suivez-les, ils vous mèneront à la vic-
« toire.

« Sont nommés :
« *Auguste Blanqui*, commandant en chef ;
« *Barbès, Martin-Bernard, Quignot, Meillard, Nétré*,
« commandants des divisions de l'armée républicaine.

« Peuple, lève-toi ! et tes ennemis disparaîtront comme
« la poussière devant l'ouragan. Frappe, extermine sans
« pitié les vils satellites, complices volontaires de la ty-
« rannie ; mais tends la main à ces soldats, sortis de ton
« sein, et qui ne tourneront point contre toi des armes
« parricides.

« En avant ! vive la république !

« *Les membres du gouvernement provisoire,*

« Barbès, Voyer-d'Argenson, Aug. Blanqui,
« Lamennais, Martin-Bernard, Dubosc, La-
« ponneraye.

« Paris, le 12 mai 1839.

« Des proclamations au peuple et à l'armée, et un décret
« du gouvernement provisoire, sont sous presse. »

Les noms qui se trouvent sur cette proclamation ont
dû vous frapper, Messieurs. — C'est *Auguste Blanqui*,
dont les antécédents vous sont si bien connus, et dont
nous aurons plus tard à vous entretenir. — C'est *Barbès*,
qui appartient aussi à votre juridiction, et par son passé
et par le lien des faits actuels. — Ce sont, après *Blanqui*
et avec *Barbès, Martin-Bernard, Quignot, Meillard,
Netré, Laponneraye*, qui doivent à un grand nombre de
poursuites politiques une influence de clubs et une illus-
tration de parti. — C'est *Dubosc*, qui a joué dans l'affaire
des poudres un rôle important et qui y a été condamné à
plusieurs mois de prison. — D'autres noms, étrangers sans
aucun doute, aux crimes que le complot préparait et que

10

l'attentat devait réaliser, figurent à côté de ces noms. Mais il est bien facile de comprendre la spéculation d'une telle manœuvre. N'oubliez pas que l'insurrection espérait un double résultat; que, par l'inauguration d'un gouvernement républicain et par le nivellement des fortunes, elle promettait une révolution politique et sociale à la fois. —Faut-il s'étonner, après cela, que, pour donner à son œuvre de destruction une signification complète, elle ait eu la pensée de s'adjoindre, par le mensonge, l'influence de ces situations connues, dont la présence est un drapeau et dont la personnalité est un symbole.

Quoi qu'il en soit, et en dehors de la recherche de la part de responsabilité qui doit s'attacher à chacune des signatures, l'ordre du jour n'en reste pas moins comme preuve de ce complot permanent, sous la menace duquel, depuis 1834, nous étions incessamment placés. C'est une réminiscence des temps de *Fieschi* : c'est un acte semblable à cette proclamation manuscrite de *Barbès*, qu'il a voulu faire admettre à une autre époque comme le jeu d'une imagination en délire.—Aux jours de cette explication, il n'était pas de raison humaine qui pût croire à sa vraisemblance. — Mais aujourd'hui, alors qu'après cinq années le même fait se reproduit sous la même forme, dans le même style, et avec la même violence; alors surtout qu'une sanglante réalisation a suivi la menace, le doute n'est plus possible, et l'identité d'origine reste démontrée.

Nous touchons au moment de la lutte : les partis vont descendre dans la rue. N'allez pas croire que le jour ait été choisi sans discernement, et que l'heure où ils doivent se réunir et attaquer soit livrée au hasard!

Vous savez quelles étaient les circonstances politiques au milieu desquelles nous nous trouvions alors. L'anarchie avait espéré qu'il lui serait facile de les exploiter à son profit, et, depuis le moment fixé pour l'ouverture des Chambres, elle était en permanence, prête à marcher au premier signal.

Au jour de la première réunion parlementaire, elle n'attesta sa présence au milieu de nous que par un attroupement tumultueux, formé aux environs du Palais-Bourbon, attroupement qui se laissa facilement dissiper par un simple déploiement militaire et par l'intervention pacifique de la force municipale.

Depuis, elle ne manifesta ses intentions que par ces rassemblements qui, pendant quelques soirées, occupèrent la porte Saint-Denis et la porte Saint-Martin; rassemblements inoffensifs, que grossit presque toujours une téméraire curiosité, et que les partis n'aventurent sur la voie publique qu'à titre d'essai.

Mais pendant que ces divers essais fatiguaient la population en l'inquiétant, le jour de l'attaque était délibéré et choisi. Depuis longtemps, les sections avaient désigné un dimanche ou un jour de fête. Ces jours-là, et après le moment où se ferment les magasins, une grande partie de la population active de la Capitale quitte Paris pour quelques heures. Le dimanche 12 mai, par l'attrait des courses du Champ de Mars, cette émigration d'un instant devait être plus considérable. Il y avait là, dans l'absence présumée des chefs de l'administration supérieure, et dans l'impossibilité, pour la garde nationale, de se réunir au premier rappel, avec cet élan, cet ensemble, cette unité, qui font sa force, un double motif de détermination.

Un motif non moins grave se présentait. Nous étions alors à l'époque où s'opère, pour les régiments, le mouvement général des changements de garnisons. Ce mouvement avait déjà commencé à Paris, et il devait continuer le dimanche 12. Vous comprenez dès lors, Messieurs, tout ce qu'il y avait d'habileté dans ce calcul, qui tentait

10.

d'enlever, par la surprise, à l'armée la force que lui
donne l'unité de son organisation, en l'attaquant au moment où, fractionnée pour le départ comme pour l'arrivée, elle restait sans ensemble au milieu de nous.

Une fois que le comité central eut ainsi déterminé le
jour de la révolte, il importait au succès de sa criminelle
tentative de fixer, avec la même précision, l'heure à laquelle elle devait éclater. Il fallait ainsi modérer l'impa-
tience des uns, gourmander la mollesse des autres, assurer
l'exactitude de tous. Une convocation écrite fut alors
adressée aux sectionnaires; et c'est encore par *Émile
Maréchal* que la preuve en est venue à l'autorité judiciaire. Le 13 mai, l'un de MM. les juges d'instruction
près le tribunal de la Seine se transporta à l'hospice
Saint-Louis où se trouvaient déjà un assez grand nombre
de blessés. *Maréchal* venait d'y mourir: son identité était
déjà reconnue. Une perquisition dans les vêtements qu'il
portait était nécessaire, elle amena la saisie d'un petit
fragment de papier, ayant à peu près un pouce carré de
dimension et sur lequel se trouvaient ces mots:

Mᵈ de vin.

Rue St-Martin nº 10.

2 heures 1/2.

Malgré le laconisme de cet écrit, il n'est personne qui
puisse se refuser à y lire le mot d'ordre du parti et l'heure
militaire qu'il a fixée : il se suffit à lui-même pour cela.
Mais les circonstances extérieures qui l'entourent af-
firment bien mieux encore cette signification.

Nous vous prierons d'abord de remarquer les condi-

tions même de sa saisie. Elle a été opérée dans les effets
de l'un des factieux, à l'hospice où il venait de mourir,
alors qu'il avait reçu le coup mortel, dès le 12, quelques
instants après l'heure constatée par l'écrit. Quand un tel
rendez-vous a entraîné *Maréchal* au fort de la lutte et a
amené pour lui une conséquence aussi fatale, est-il permis
de douter de toute la portée d'un tel document.

L'origine de ce mot de convocation est plus significative
encore : il est tout entier de la main de Barbès. A cet
égard, malgré le silence de cet inculpé, l'hésitation est
impossible. Une expertise a constaté, en effet, qu'il est
émané de lui ; que c'est son écriture franche et courante.
Il sera, d'ailleurs, soumis à votre vérification; et comme
l'écriture de Barbès a un caractère assez remarquable
qui lui est propre, et qui la distingue des écritures ordinaires; comme le billet saisi a été tracé sans déguisement;
vous pourrez, nous n'en doutons pas, exercer sur cette
pièce du procès une juridiction infaillible.

Ce billet de convocation, écrit d'une telle main, tra-
versant une insurrection sanglante, pour être découvert
et saisi sur le lit de mort d'un révolté, est un fait immense. Le complot qui arrête, concerte, prépare, réunit,
convoque et jette à l'attaque; le complot, est là tout
entier.

Nous touchons, du reste, au moment où l'insurrection
qui n'est encore qu'en état de projet, va se matérialiser en
quelque sorte, et se transformer en attentat. L'heure est
donnée, et fidèles à cette heure, les sectionnaires divisés
en petit groupes, conformément aux statuts mystérieux
de l'association, se répandent dans Paris. Vers deux heures,
un mouvement inaccoutumé se fait remarquer dans les
rues Saint-Martin, Saint-Denis, et dans les rues adjacen-
tes. Des jeunes gens assez nombreux, différents de costume, de manières, de conditions, se rencontrent, se
parlent et paraissent se lier les uns aux autres par l'inti-

mité d'une communication secrète. Ils se réunissent chez
divers marchands de vin, et notamment chez celui qu'indiquait *Barbès* dans sa convocation. Ils s'y trouvent toujours
en assez petit nombre, mais les allées et venues de quelques-uns indiquent que ces divers groupes se mettent en
rapport tous ensemble, que les revues se passent, que les
chefs se font reconnaître, que les mots d'ordre s'échan-
gent. En ce moment, il est 2 heures et demie; le complot
est arrivé à son terme et la révolte va commencer.

Les premiers faits matériels qui la signalent ont, pour
les factieux, une grande importance. Quelques-uns d'entre
eux sont armés et prêts au combat. Mais il en est un
plus grand nombre qui attendent les armes promises. Il
faut donc, avant toute collision avec la force publique,
répondre à leurs vœux.

Cette nécessité de l'insurrection ne prendra pas les
chefs à l'improviste.

Leurs munitions sont toutes prêtes : vous savez par leurs
précédents qu'une fabrication de poudre, de cartouches,
de balles, a été longtemps en pleine exploitation au milieu
de nous. Cette fabrication a été peut-être découverte et
détruite; mais ses produits antérieurs n'en existaient pas
moins encore.

D'ailleurs, et depuis la première affaire des poudres, les
combinaisons des sectionnaires avaient été plus habiles.
Ils avaient compris le danger de cette fabrication en grand
et de ces vastes dépôts qui obligent à des confidences nombreuses ; et, comme vous l'avez vu, par leur formulaire,
chacun d'eux devait songer à lui-même et avoir son
propre dépôt. Avec une telle organisation, les efforts de
l'autorité judiciaire semblaient devoir être sans puissance,
et cependant les faits recueillis par elle ont encore tout
précisé à cet égard.

Dès le début de l'attentat, deux faits capitaux de distributions de cartouches ont eu lieu. Le premier, rue Bourg-l'Abbé, au moment du pillage d'armes; le second, rue Quincampoix. Dans un instant, quand nous aurons à vous faire connaître l'ensemble des charges qui s'élèvent contre deux inculpés, *Bonnet* et *Armand Barbès*, nous entrerons dans le détail de ces deux faits. Il nous suffit, quant à présent, de les énoncer comme preuve nouvelle de la conspiration, et de la terrible prévoyance de tous ses calculs.

Du reste, ces distributions n'étaient pas les seules: dans le cours de la lutte et sur divers points de la Capitale, des distributions de cartouches ont été également signalées. Les unes avaient lieu de la blouse même de l'un des insurgés, les autres, de l'intérieur de tabliers ou de ceintures, d'autres encore, de gibecières qui avaient été enlevées avec les armes; toutes enfin, du sein de la révolte, derrière les barricades et au moment du combat.

Le moyen à l'aide duquel les coupables s'étaient approvisionnés était bien facile à pressentir en présence du souvenir récent des dernières poursuites. Un document judiciaire important, appartenant au procès actuel, fixe d'ailleurs les faits à cet égard. Toutes les armes saisies ont été déchargées, et les charges ont été soumises à l'examen de M. le capitaine d'artillerie Pernetty, délégué à cet effet. Son rapport a constaté qu'à l'exception de trois ou quatre cartouches, enlevées sans aucun doute aux militaires désarmés, toutes étaient étrangères aux magasins de l'État, et provenaient évidemment d'une fabrication particulière. Leur dimension, la qualité de la poudre, qui était en partie de la poudre de chasse, et de la poudre de guerre de fabrication étrangère, bernoise ou anglaise, la nature et la couleur du papier, la forme de la balle, sont signalées, dans ce rapport, comme autant de démonstrations.

Nous avons été frappés, Messieurs, d'un des résultats obtenus par le rapprochement que nous avons dû faire entre le travail de l'expert et les nombreuses pièces trouvées dans les diverses perquistions. D'après l'expert, les balles sont d'un calibre de médiocre grosseur pouvant être facilement introduites dans toute espèce de fusil. Le plus grand nombre de ces balles présente un aplatissement notable, qui n'existe pas sur celles de l'État, et qui est produit par le moule dans lequel elles ont été coulées. De toutes ces observations, l'expert conclut que les balles, comme les cartouches, sont de fabrication particulière. Il faut maintenant que vous sachiez, Messieurs, que le 31 mai dernier, une saisie a placé sous la main de la justice plusieurs listes trouvées dans les papiers de *Blanqui*, listes dont nous aurons à vous entretenir souvent, et qu'au nombre de ces listes s'en trouve une qui réunit, par leur nom et par leur adresse, tous les plombiers de Paris.

N'est-ce pas là la preuve que tout se lie dans les précédents de ces sociétés, instituées comme une école permanente du crime; que, forts du mystère dont ils s'environnent, les mêmes hommes nourrissent, depuis 5 ans, les mêmes espérances et travaillent à la même œuvre; qu'en un mot ils ont, à partir de cette époque, placé la France dans les liens d'une chaîne longtemps invisible, qui rattache aux associations de 1834 les associations de 1839?

Les munitions étaient donc dans leurs mains. Ils n'avaient plus qu'à compléter leur armement; et l'expérience de nos derniers troubles était là pour désigner à leur première entreprise les divers magasins des armuriers de Paris. Cependant, dans leurs prévisions, les chefs du parti n'avaient pas voulu livrer au hasard la chance de ces pillages. Ils avaient fait porter leurs études sur ce point comme sur l'ensemble des moyens d'attaque et de succès. C'est *Blanqui* qui nous en fournit encore la preuve. On a saisi dans ses papiers une liste intitulée : *Armuriers, arquebusiers,* liste qui, comme pour les plombiers, renferme un grand nombre de noms toujours suivis de leurs adresses.

Cette partie du complot fut exécutée, comme toutes celles que le comité central avait arrêtées. Ce fut là le premier acte qui signala la présence dans nos rues et sur nos places publiques, de cette bande de forcenés qui procèdent du pillage à l'attentat, de l'attentat au meurtre et au guet-apens. Après 2 heures 1/2, quand la revue générale eut été passée, ces hommes, au nombre de 150 à 200 se rendirent à la rue Bourg-l'Abbé et pénétrèrent, en brisant les portes et en escaladant les croisées, dans les magasins des frères *Lepage.* Là, ils s'emparèrent d'une grande quantité d'armes et de boîtes remplies de capsules.

Quelques instants après, entre 3 et 4 heures, un pillage de même nature fut commis sur le quai de Gèvres, au préjudice de M. *Leybe.* Ce fut aussi en brisant la devanture de sa boutique que l'on s'introduisit chez lui.

Plus tard, et vers 6 heures, M. *Armand,* armurier, rue du Roule, dont le nom se trouvait, avec celui de *Lepage,* sur la liste de *Blanqui,* fut victime de la même violence et des mêmes faits. Il en fut ainsi d'ailleurs et dans des proportions plus ou moins considérables, sur un grand nombre de points.

C'est un crime bien grave sans doute que cette violation, par la force et par les armes, du domicile et de la propriété, et cependant, cette fois, les insurgés ne s'arrêtèrent pas là. Ils organisèrent un plan nouveau de spoliation et de violence, enlevant leurs armes aux soldats isolés qu'ils rencontraient dans la rue, désarmant les postes, forçant le domicile des citoyens pour s'emparer des fusils et des sabres de la garde nationale, et les contraignant

11

avec des menaces de mort, et en les mettant en joue, à livrer ceux qui n'avaient pu être trouvés. L'instruction a recueilli, à chaque pas, des faits de cette nature, plus coupables les uns que les autres. C'est presque rester au-dessous de la vérité, que d'affirmer qu'aux lieux où l'anarchie s'était installée, on eût dit une ville livrée au pillage. Et tout cela, ce n'était pas le hasard, ce n'était pas le caprice des uns ou la violence des autres qui le faisait commettre; c'était le résultat d'une idée arrêtée à l'avance; c'était l'une des conséquences d'un plan général d'attaque mis à l'ordre du jour par les chefs. L'instruction tout entière le démontre : mais un fait, pris entre tous, suffira quant à présent. Après le pillage, les factieux ont écrit sur quelques maisons, ce mot : *Désarmé.* C'était à la fois un certificat d'obéissance aux prescriptions des chefs, et la quittance donnée pour l'impôt de guerre prélevé sur la cité tranquille, par l'insurrection.

Telle est la manière dont les coupables ont, dans leur délire, inauguré leur tentative. C'est après cette révolte organisée contre le droit des citoyens, qu'ils se sont mis en révolte contre le droit du Gouvernement.

Avant de suivre dans ses développements la marche de l'insurrection, il importe de se bien fixer sur son véritable caractère.

Depuis la révolution de 1830, le sang a coulé plusieurs fois dans Paris; mais jamais la présence des associations, leur intervention criminelle dans la lutte, leurs calculs ténébreux, leur détestable influence, ne se sont aussi bien fait sentir. On peut dire que, cette fois, elles se sont étalées au grand jour.

Les journées de Juin furent, pour la France, les premières journées de deuil. Pour elles, on pouvait douter, en s'arrêtant du moins à la surface et en les rattachant au hasard d'un convoi, qu'elles fussent le produit nécessaire

d'une association et d'un complot. C'est ainsi que pensa
la justice, et ses poursuites ne précisèrent que des faits
individuels de meurtre, et qu'un attentat.

En 1834, la même pensée ne pouvait se produire : la
main des associations secrètes avait écrit le programme
du mouvement insurrectionnel, et arboré, sur plusieurs
points, le drapeau de l'insurrection. Mais du moins
elle avait, en apparence, quelque respect pour le droit
du pouvoir existant, et quelque honte d'elle-même. Elle
expliquait le mouvement de Lyon, par ce qu'elle appelait
les misères de la classe ouvrière et les effets du mutuel-
lisme. Quant au mouvement de Paris, elle cherchait à
ne le faire considérer que comme le contre-coup du mouvement de Lyon.

Aujourd'hui il n'en est plus ainsi; l'on conspire et l'on
s'en glorifie. C'est au milieu de la sécurité générale, du
bien-être proportionnel de toutes les classes, des progrès
de la prospérité publique, qu'une poignée de factieux se
maintient en état d'association illégale, sape par des
écrits clandestins les bases de notre ordre social et de
notre constitution politique; se prépare, dans l'ombre, à
appuyer ses griefs prétendus par la raison du sabre,
et nous menace chaque jour du retour incessant de ses
attaques. — C'est, cette fois, le complot sans prétexte, et
la guerre sans trève. — C'est l'attentat en permanence,
avec tous les malheurs qui s'attachent à lui.

Ce caractère incontestable du mouvement des 12 et
13 mai a été énergiquement révélé par la marche maté-
rielle de l'insurrection.

C'est sur un plan hardiment tracé qu'elle s'est mani-
festée dès ses premiers pas. — Le comité avait parfaitement compris qu'à raison de l'infériorité relative, comme
nombre, des sectionnaires, il n'avait à espérer quelque
succès qu'en frappant un grand coup au début.

11.

Auguste Blanqui, *le commandant en chef des armées républicaines*, y avait pensé le premier.

Une de ces listes témoigne qu'il s'en était vivement préoccupé. Cette liste contenait le détail de toutes les mairies, de tous les *commissariats de police;* des succursales importantes *du Mont-de-piété,* dans les magasins duquel tant d'armes peuvent être déposées; des *prisons militaires,* dans lesquelles il espérait pouvoir exploiter l'esprit d'insubordination que peut inspirer le mécontentement d'une punition récente; les *maisons de détention,* peuplées du rebut de la société, à laquelle l'anarchie ne craint pas (et ce procès va l'attester) d'aller demander des recrues.

Une autre liste contenait l'énumération de tous les *ministères,* et cette liste, comme les premières, notait avec une telle exactitude les adresses, que l'on a cru, par exemple, ne devoir négliger aucune des sept entrées du ministère des finances. De pareils détails indiquent suffisamment l'arrière-pensée de ces indications. C'était évidemment des documents préparés à l'avance pour l'application des calculs stratégiques du mouvement.

Le plan adopté fut le résultat de ces calculs, et l'on s'arrêta à l'idée de s'emparer, par un premier coup de main, de la préfecture de police et de la préfecture de la Seine.

Le premier de ces faits était, pour la révolte, un fait immense. Indépendamment de la terreur qu'aurait jetée au sein de la Capitale l'occupation, par les insurgés, de la préfecture de police, on comprend tout ce qu'il y aurait eu de grave dans la position du pouvoir public, s'il n'avait plus eu ce centre d'opération, auquel viennent aboutir les rapports particuliers de chaque point de la cité, et qui, en retour, peut, d'une manière égale, transmettre ses ordres, étendre sa surveillance, imprimer sa direction à chacun de ces points.

D'un autre côté, l'occupation de la préfecture de la

Seine aurait frappé les esprits d'une impression profonde. Chacun se serait souvenu qu'en 1830, la révolution avait été accomplie du moment que l'Hôtel-de-Ville était tombé dans les mains de la nation, et que la commission municipale avait pu y transférer le siége du gouvernement provisoire. C'était, sans aucun doute, le rêve des factieux. C'est dans cette prévision qu'ils annonçaient, dans leur ordre du jour, comme étant sous presse, *des proclamations au peuple et à l'armée, et un décret du gouvernement provisoire*, espérant les dater de l'Hôtel-de-Ville et agir puissamment sur les masses, par cette ressemblance avec le grand fait populaire de Juillet.

Il y avait enfin, dans ce plan d'attaque, un intérêt militaire important. Par la possession de ces deux points, des ponts et des quais qui les unissent, ils s'assuraient les moyens de se soutenir réciproquement et de se replier les uns sur les autres, et rendaient, au contraire, très-difficiles pour un instant, en coupant le cours du fleuve et en défendant son approche, les communications nécessaires à la répression du mouvement.

L'exécution d'un tel projet fut audacieuse comme le projet lui-même. Après la distribution des armes et des munitions de guerre, les diverses bandes tirèrent quelques coups de feu, s'adressant ainsi un signal mutuel, puis elles se réunirent, et descendirent ensemble la rue des Arcis pour aller rejoindre les quais. Là elles se divisèrent, se dirigeant les unes sur le poste du Palais de justice, par le quai de Gèvre, le pont Notre-Dame et le quai aux Fleurs, les autres sur l'Hôtel-de-Ville, par les quais et par les petites rues qui débouchent sur la place de Grève.

Pendant que ce double mouvement s'opérait, l'officier de service au Palais de justice fut prévenu. Il ne crut pas à l'imminence du danger dont on le menaçait, et se borna à faire sortir son poste qui resta l'arme au pied. Les factieux arrivèrent sur lui, et sur son refus de rendre ses armes, le massacrèrent ainsi que ses soldats par une décharge faite à bout portant. 10 hommes furent atteints : le malheureux officier, le sergent et 3 soldats le furent mortellement. Plus tard, nous vous retracerons, en recherchant les coupables, les horribles détails de cette scène de deuil; malheureusement elle n'est pas la seule que les événements de mai aient enfantée.

Le poste occupé, les insurgés se portèrent rapidement, par le quai des Orfèvres, sur la préfecture de police; mais là, M. le Préfet de police avait d'avance tout disposé avec habileté pour repousser leur attaque. Les armes étaient chargées; de petits postes de gardes municipaux et de sergents de ville avaient été placés à chacune des issues et dans l'intérieur des appartements. Aussi, le rassemblement ne s'arrêta pas et se dispersa dans diverses directions, après l'échange de quelques coups de feu.

Pendant ce temps, une partie des factieux avait voulu s'emparer du poste de la place du Châtelet, occupé par la garde municipale; mais le sergent Baylac, qui commandait ce poste, avait été averti; il prit ses précautions en homme de tête, et les exécuta en homme de cœur. Barricadé dans le poste, il répondit vigoureusement au feu des assaillants, qui tiraient à travers la porte et par la fenêtre, et repoussa ainsi leur attaque.

Cependant le poste de l'Hôtel-de-Ville avait été enlevé par les insurgés. Il n'y avait alors, dans ce poste, que le capitaine et le lieutenant de service, le tambour et 7 à 8 gardes nationaux. Un coup de fusil, tiré sur le garde national de faction, annonça l'arrivée et les projets de cette bande. Il était trop tard pour se réunir, s'armer et se défendre : le poste fut occupé, et les gardes nationaux désarmés.

Toutefois, il est ici un fait que nous ne devons pas passer sous silence.

Au moment où les insurgés s'emparèrent du poste, ils fraternisèrent avec le capitaine, et l'un d'eux, en s'avançant vers lui, lui tendit la main et reçut la sienne. Ce fut là sans doute un acte pénible de soumission à la nécessité; et ce qui prouve, à l'honneur de cet officier, qu'on ne peut le soupçonner d'une coupable adhésion à la révolte, c'est que, quelques instants après, les insurgés, qui l'avaient amené dans une rue voisine, voulaient le fusiller : ils l'avaient déjà mis à genoux, et il n'a été sauvé que par un hasard inespéré.

Maîtres du poste de l'Hôtel-de-Ville, les factieux y laissèrent une garde et continuèrent leur marche. C'est vers le marché Saint-Jean qu'ils dirigèrent leurs pas. — Il y a, sur la place de ce marché, un poste isolé, occupé par douze hommes de la troupe de ligne : ces hommes furent surpris sans défense. Un nouveau massacre, proportionnellement plus fatal par le nombre que le massacre du Palais-de-Justice, y fut commis. Sur douze hommes, quatre furent tués et trois blessés. Ce fut encore ici une effroyable scène : les coups de feu furent tirés à bout portant contre des soldats dont les armes n'étaient pas chargées, et qui n'auraient pu se défendre que dans un engagement à la baïonnette. La fureur sanguinaire des assassins était telle qu'ils s'acharnaient aux cadavres mêmes. L'un d'eux ouvrit d'un coup de hache le crâne d'un soldat expirant, et tous, ils se ruèrent sur les militaires qui étaient encore debout, avec de telles démonstrations de rage, que, sans l'intervention courageuse des habitants de ce quartier, c'en était fait du poste tout entier.

Ce fut là le dernier triomphe de la révolte et de la barbarie. A partir de ce moment, la lutte changea de face; la force publique s'arma et reprit à l'instant son empire. Le poste du Palais de Justice fut immédiatement réoccupé par la garde municipale. Un détachement de la même troupe alla reprendre le poste de l'Hôtel-de-Ville. Chemin faisant, ce détachement dégagea le poste du Châtelet, de telle sorte, qu'après une heure à peine, l'insurrection perdit toutes les positions qu'elle avait enlevées par surprise, et qu'elle ne put prolonger quelques moments encore sa résistance qu'en cachant derrière ses barricades les misères de son infériorité numérique.

Il importe de s'arrêter quelques instants sur cette partie des mouvements insurrectionnels : elle est, en effet, pour l'examen judiciaire, d'une haute signification, par cela qu'elle constate, dans l'organisation des moyens de défense comme nous l'avons constaté à l'occasion des moyens, d'attaque, l'existence d'un plan antérieur.

Ne croyez pas, en effet, Messieurs, que les barricades construites par les factieux, aient été élevées, sans liens entre elles, par le caprice des uns, le danger des autres, la nécessité imprévue des situations locales ou le hasard des événements. Partout il y a eu calcul : chacune d'elles était l'une des parties nécessaires d'un vaste ensemble, dont l'importance avait été mûrement réfléchie.

Pour se convaincre à cet égard, il suffit de jeter les yeux sur le plan qui a été dressé à l'occasion des événements, et qui précise, d'une manière complète, la place occupée par chacune d'elles.

La première ligne avait été placée de manière à empêcher la communication entre l'Hôtel-de-Ville et la Préfecture de police. C'était le lien d'ensemble qui devait unir ces deux positions : comme point militaire elle avait été parfaitement entendue. Elle s'était formée d'abord au coin de la rue Planche-Mibray, qui domine le pont Notre-Dame, le quai Pelletier et le quai de Gèvres, et s'étendait de là jusqu'au carrefour formé par les rues Planche-Mibray, Saint-Jacques-la-Boucherie, de la Vannerie et des Arcis. Une troisième barricade, élevée au coin de la rue de la Tannerie, sur la rue Planche-Mibray, complétait ces dispositions. C'est là qu'eut lieu le premier engagement, au moment où la garde municipale marchait vers l'Hôtel-de-Ville. A cinq heures et demie, toutes ces barricades furent enlevées, et ceux qui les défendaient, refoulés dans l'intérieur de Paris.

Les quartiers Saint-Denis et Saint-Martin devaient être, comme dans toutes nos dissensions civiles, le point central de l'insurrection. Mais ce fut, cette fois, avec un esprit d'ensemble effrayant que les factieux vinrent s'y concentrer dans une sorte d'enceinte fortifiée. Il y eut, en même temps, cela de remarquable que, presque partout, les heures furent les mêmes. On dirait qu'un signal commun avait réglé le mouvement.

Les premières lignes de l'enceinte furent placées sur le marché des Innocents. Des barricades commençant à la rue du Coq, et s'échelonnant jusqu'à l'extrémité de la rue Saint-Honoré, allaient rejoindre ce marché; d'autres, en assez grand nombre, étaient établies sur ce point pour en défendre l'approche, et se liaient, par la rue Aubry-le-Boucher, Saint-Méry et Bar-du-Bec, à l'occupation du marché Saint-Jean; de telle sorte que ces barricades offraient une ligne continue, dont le point de départ touchait presque au Palais-Royal et remontait jusqu'à la hauteur de la place Royale.

Cette ligne s'appuyait, à sa gauche, sur la rue Montmartre, où l'on arrivait par une série de barricades établies sur la rue Saint-Denis, sur les rues qui rejoignent les divers marchés, et sur la rue de la Fromagerie, vis-à-vis la rue Montorgueil, la rue Montmartre et la pointe Saint-Eustache; elle s'étendait jusqu'à la barricade Tiquetonne, qui par celle établie rue Pavée, et par le passage du Grand-Cerf, venait prendre son point de communication avec la rue Saint-Denis, presque vis-à-vis la rue Grenétat.

12

La ligne opposée dépassait la mairie du 6ᵉ arrondissement, et avait précisément un point d'appui redoutable
sur la rue Grenétat, où, plus tard, s'est engagée en effet
l'attaque la plus vive et la plus meurtrière. Par la rue
Royale-Saint-Martin, où une barricade était placée, elle
arrivait à la rotonde du Temple. De là, elle s'étendait
jusqu'au commencement de la rue Saint-Louis par un
ensemble de barricades liées les unes aux autres, et qui
avaient été établies au milieu de tout le quartier qui se
trouve compris entre les rues du Temple, Sainte-Avoye,
d'un côté, et la rue Saint-Louis de l'autre. Par là, on
parvenait à fermer l'enceinte à la hauteur de la place
Royale, que l'attaque de l'Hôtel-de-Ville, celle du marché Saint-Jean, et l'établissement de la 1ʳᵉ ligne de barricades parallèle à la Seine avait également pour but d'atteindre.

On avait enfin ménagé un moyen de communication
au sein même de ces dispositions de défense, par les nombreux passages qui coupent ces divers quartiers. A l'aide
des passages du Grand-Cerf, Bourg-l'Abbé, Saucède,
Molière, Beaufort, et de la Réunion, on pouvait arriver,
presque sans obstacle, du quartier Montmartre au Marais.

Comme vous avez pu le remarquer bien souvent,
Messieurs, l'insurrection recherche d'ordinaire les points
où la concentration est facile, et où la force publique ne
peut pas venir l'attaquer par de grands débouchés. C'est là,
sans doute, une des raisons de sa prédilection pour le
quartier des halles, des marchés et pour les abords du
cloître Saint-Méry; c'est là aussi ce qui pourrait expliquer cette circonstance que, cette fois, elle avait élargi
son cercle, et cherché à comprendre dans son enceinte
le marché Saint-Martin, la rotonde du Temple et la place
Royale. La suite de ce rapport vous prouvera que telle
était, en effet, la tendance de l'insurrection actuelle. In-

dépendamment du système de barricades adopté, deux grands faits la signaleraient déjà : c'est, d'une part, l'attaque, le dimanche, de la mairie du 7ᵐᵉ arrondissement, rue des Francs-Bourgeois; c'est de l'autre, celle qui fut dirigée, le lundi, contre la caserne des Minimes occupée par la garde municipale.

Une pièce qui peut être très-importante et dont l'instruction n'a pas encore pénétré tout le mystère, donne à cette pensée une grande probabilité. On a trouvé dans les papiers de *Blanqui* un plan de la place Royale elle-même. Nous avons fait faire un *fac-simile* de ce plan, qui sera joint à notre rapport. Nous vous signalons à l'avance les annotations qui le suivent: la première surtout est grave. Elle désigne, sous la lettre A marquée sur le plan, le *quartier général*. Plus bas, on marque de la lettre L une arcade, désignée comme conduisant *du quartier général* à l'une des portes de la place. Quelques-unes des lettres sont empruntées, sans motif connu, à l'alphabet grec, dont on explique la prononciation. Enfin, en parlant de l'un des bouts de la place, que l'on signale par la lettre Z, on ajoute ces mots : *C'est là, à ce banc ou autour, que sera demain ma mère. — Par la rue qui tourne autour de la place également.*

Quelle est l'explication que donnerait *Auguste Blanqui* à un pareil document? Nous ne pouvons le pressentir. Mais en présence des faits de cette insurrection, de l'extension qu'elle avait reçue, de la certitude que l'occupation de la place Royale était dans ses projets, du mystère qui environne la pièce saisie, des énonciations que nous vous avons signalées tout à l'heure, on ne peut s'empêcher d'attacher à cette pièce une grande importance, et d'y lire peut-être l'idée arrêtée d'un plan de fortification.

Quoi qu'il en soit, la révolte fut impuissante à cette

12.

œuvre, Renfermée dans les quartiers mêmes qu'elle s'était choisis, elle y fut soumise aussitôt qu'attaquée.

Quelques désordres particuliers vinrent bientôt attester que, forcée dans toutes ses retraites, elle n'avait pas renoncé cependant à la pensée de tourmenter encore Paris.

Des troubles eurent lieu, en effet, aux environs de la rue Ménilmontant; mais ils n'offrirent aucun caractère de gravité. Le quartier Montmartre fut sillonné en tous sens par les factieux. A la nuit tombante, une de ces bandes tira, mais sans l'atteindre, sur un officier d'ordonnance, qui débouchait dans la rue Saint-Eustache, par la rue Bourbon-Villeneuve. Dans le même quartier, rue du Cadran, les témoins ont déposé d'un fait remarquable, et qui réalise, par l'action même, les divisions et subdivisions de la société des *Saisons.* Les factieux s'y réunirent, entre quatre et cinq heures, au nombre de six ou sept : ils chargèrent leurs armes, se donnèrent un numéro particulier, et marchèrent à la révolte.

D'autres bandes d'insurgés se répandirent quelques instants après dans les rues Feydeau et Richelieu. C'est en rentrant dans cette dernière rue que M. le lieutenant-colonel *Pellion,* aide de camp de M. le ministre de la guerre, qu'il accompagnait à cheval avec deux autres officiers, fut atteint dans les reins de deux coups de feu. M. *Pellion* en poussant une reconnaissance rue d'Amboise, aperçut un groupe de personnes armées de fusils, et qui s'étaient cachées pour l'attendre. C'est au moment où il tournait bride qu'il fut grièvement blessé : d'autres décharges eurent lieu sur des personnes qui étaient aux fenêtres.

Pendant ce premier jour, les quartiers de la rive gauche de la Seine ne furent le théâtre d'aucun événement.

La force armée garda ses positions pendant la nuit,

et le 13, à la pointe du jour, Son Altesse royale Monseigneur le duc d'Orléans accompagné de Monseigneur
le duc de Nemours, et de Monseigneur le prince de
Joinville, du maréchal Gérard et du général Pajol, par-
courut toute la ligne, en suivant les boulevards et en
revenant par les quais; il fut accueilli par les marques
de la sympatie de la garde nationale, de l'armée et de la
population.

Comme la tranquillité paraissait rétablie, on fit rentrer
la plus grande partie des troupes. Vers midi, une immense affluence de curieux se répandit dans les quartiers
qui avaient été la veille le théâtre de la révolte. Favo-
risés par la présence de cette foule, les insurgés repa-
rurent de nouveau. Ils se bornèrent d'abord à pénétrer
dans quelques postes abandonnés, brisant les meubles,
démolissant les murs, cassant les reverbères et les lan-
ternes : ces désordres s'étendaient depuis le marché des
Innocents jusqu'au quartier du Temple. Bientôt quelques
barricades furent construites au marché des Innocents,
dans les rues Saint-Martin et des Arcis, près de la rue
Saint-Méry, dans les rues Vieille-du-Temple et le quartier
Saint-Louis. Les troupes revinrent alors et reprirent leurs
positions de la veille.

Vers deux heures, les insurgés tentèrent contre la caserne des Minimes l'attaque dont nous avons parlé tout à
l'heure; ils furent en un instant vigoureusement repoussés
et poursuivis jusque dans les rues voisines. Plusieurs fois
les barricades de la rue des Arcis furent détruites; mais
elles étaient bientôt reconstruites, sans cependant qu'elles
fussent jamais défendues.

Toutefois, le quartier du Temple fut le théâtre d'un
conflit sérieux, dans lequel une fusillade assez vive fut
engagée. Cet incident retrouvera sa place, avec plus de

détails, au milieu des faits particuliers dont nous avons encore à vous entretenir.

A peu près à la même heure, un assez grand nombre d'individus se réunirent aux environs de la rue Neuve-Saint-Méry, et l'on put s'apercevoir que plusieurs d'entre eux portaient des pistolets sous leurs blouses ; cependant, comme ils ne se livraient à aucun mouvement hostile, la troupe échelonnée dans les maisons voisines ne crut pas devoir agir. Ces hommes, d'ailleurs, se dispersaient à la vue des détachements envoyés contre eux.

Bientôt cependant, s'étant emparés d'un cadavre, ils marchèrent vers le quai, passèrent le pont Notre-Dame ainsi que le Petit-Pont, et se dirigèrent sur la place Maubert, en poussant des cris de vengeance, essayant par cette démonstration, d'exciter la population de ce quartier. L'officier qui commandait un bataillon stationné sur la place Maubert, les laissa passer, sur l'affirmation qu'ils portaient à son domicile le corps de l'un de leurs amis. Les insurgés s'avancèrent alors vers l'École polytechnique, étendirent le cadavre devant la grille, et se répandirent jusque dans les cours, invitant les élèves à se joindre à eux. M. le général Tholosé les contraignit à sortir. Ils demeurèrent quelques instants attroupés devant l'Ecole, continuant à pousser des vociférations, et menaçant d'escalader les murailles; mais bientôt un détachement de la garde municipale, qui stationnait sur la place du Panthéon, accourut et dispersa cet attroupement. Quelques coups de feu furent échangés dans cette rencontre, dernier effort d'une audace impuissante : mais cette révolte, pour avoir été facilement repoussée dans son attaque et forcée dans son organisation de défense, n'en a pas moins coûté bien du sang. Le chiffre des morts constatés par les registres de l'état civil s'élevait, en effet,

au 31 mai, à quatre-vingt-cinq. Depuis, plusieurs blessés
ont succombé, de telle sorte que près de cent décès
auront été la déplorable conséquence de la fureur.des
associations. Dans ce nombre, trente défenseurs de l'ordre
et des lois ont péri ; il faut ajouter que quelques personnes ont été tuées par l'effet d'un malheureux hasard.
Ces morts sont toutes également regrettables, Messieurs,
et cependant nous ne pouvons nous empêcher de vous
signaler celle du garde national *Ledoux*, tué au milieu de
sa compagnie, au moment de l'assaut donné, dès le début
de l'insurrection, à la barricade Ticquetonne, et celle du
maréchal des logis *Jonas*, militaire d'élite, soldat aux
premiers jours de la révolution, et qui est mort, après
quarante ans d'honorables services, victime d'un odieux
attentat.

A côté de ces tristes effets de la révolte, nous pourrions chercher quelques consolations dans les récits de
tous les actes de civisme et de courage que la nécessité
de la répression a fait naître : nous ne ferions que rendre
à la garde nationale, à la garde municipale et à l'armée,
la justice qu'elles ont toujours su mériter dans ces tristes
occasions. Nous pourrions aussi ajouter un hommage
particulier pour un grand nombre de services éclatants.
Mais nous aimons mieux, Messieurs, laisser à un autre
pouvoir que le vôtre le soin de les discerner. Tous ces
éloges d'ailleurs ne sauraient malheureusement avoir la
puissance de racheter le sang versé, de voiler le deuil
des familles et de calmer les regrets du pays.

Nous devons dire ici que tout avait été si bien prévu
par les insurgés pour le combat et pour ses conséquences
fatales, que le moyen de pansements pour les blessés
avait été pris à l'avance. Vous en verrez la preuve dans
l'un des faits individuels qui vont vous être soumis. Plusieurs ambulances avaient été établies : l'une d'elles, si-

tuée chez un sieur Simon, marchand de vin, au coin de la rue Grenétat, a reçu, pendant un des moments du combat, plus de quarante morts ou blessés. Dans le même quartier, l'on avait placé un placard portant en gros caractère ce mot : *Ambulance*, sur les volets de la pharmacie du sieur Lamoureux, rue Saint-Denis, n° 154.

La constatation de l'individualité des révoltés dont les corps ont été reconnus est une preuve nouvelle de la présence de l'association au fort de la lutte. Plusieurs d'entre eux avaient déjà figuré, en effet, comme un certain nombre des prévenus, soit dans les listes des associations passées, soit dans les procès politiques de ces dernières années, soit même dans les troubles antérieurs.

Leur cri de ralliement, et le drapeau qu'ils avaient arboré, les rattachaient d'ailleurs évidemment à tout le passé de ce parti. Le cri, c'était le cri de *vive la République!* mêlé aux cris *aux armes!* Quelquefois, l'on entendait aussi *vive la garde nationale! vive la ligne!* Après les massacres du Palais de Justice, du marché Saint-Jean, ce n'était plus cette fois un moyen de tenter leur fidélité; c'était une bien cruelle dérision. Du reste, une remarque faite par tous ceux qui ont vu de près la révolte, c'est que tous les cris étaient infiniment rares. L'on se battait en désespérés, sans appel aux passions politiques de la population, avec la conscience que l'armée resterait fidèle à son drapeau, et la population sourde aux excitations qui lui seraient adressées. On se battait dans un silence qui attestait à la fois la résolution des insurgés, et l'espèce d'organisation militaire qu'ils devaient à leur organisation par peloton. C'était l'acte d'obéissance au mot d'ordre de la faction, et au commandement de ceux qu'elle s'était donnés pour chefs.

La même pensée se retrouve encore, et avec la même

énergie, dans le choix du drapeau auquel ces hommes se
ralliaient. Un des récits particuliers, que nous aurons
bientôt l'honneur de vous faire connaître, vous apprendra qu'une fraction de la société devait arborer un drapeau tricolore, sur lequel une large bande noire avait été
posée. Il n'en fut rien cependant, et les insurgés descendirent dans la rue sans drapeau. Mais, arrivés rue Saint-Denis, au moment où ils se barricadaient aux abords de
l'église Saint-Leu, ils forcèrent M. *Julliard*, marchand
de nouveautés, rue Saint-Denis, n° 162, à leur jeter une
assez grande quantité d'étoffe rouge, qu'ils se divisèrent
entre eux. Les uns en firent des ceintures, d'autres des
cravates, d'autres des drapeaux mobiles qu'ils agitaient
au sein de l'insurrection, pour exciter au combat. L'un
de ces drapeaux fut arboré à la partie élevée de la barricade Saint-Magloire ; il y resta jusqu'à la fin de l'engagement qui eut lieu dans cette rue. C'est là qu'il fut enlevé par la troupe de ligne, au moment où elle se rendit
maîtresse de ce point.

Tels sont, Messieurs, dans leur ensemble, les faits déplorables de ces deux journées.

Leur résumé judiciaire est dans leur exposé même.

C'est le complot, avec les conditions qui le constituent
d'ordinaire, et avec une persévérance sans exemple.

C'est l'attentat avec tous les caractères qui le placent au
rang du plus énorme des crimes politiques.

C'est le meurtre avec les circonstances hideuses de la
préméditation et du guet-apens.

Ces crimes divers, avec leur triple caractère, rentrent-ils dans les termes constitutionnels de votre compétence ?

Cette compétence doit-elle s'exercer aujourd'hui ?

Quel doit être le premier acte de votre haute juridiction ?

Nous devons, Messieurs, avant d'entrer dans l'appré-

13

ciation des charges individuelles, examiner avec vous ces diverses questions.

La compétence de la Cour repose sur l'article 28 de la Charte constitutionnelle, qui porte : « La Chambre des « Pairs connaît des crimes de haute trahison et des atten- « tats à la sûreté de l'État, et qui seront définis par la loi. »

Les crimes de haute trahison n'ont point été définis par la loi; mais le chapitre Iᵉʳ, du titre Iᵉʳ, du livre III du Code pénal, révisé par la loi du 28 avril 1832, définit et quali- fie les attentats à la sûreté de l'État. S'il est vrai que, parmi les crimes auxquels la loi donne cette qualification, il puisse s'en trouver qui n'appellent point l'intervention de votre haute juridiction, il en est d'autres qui, par leur origine, leur nature et leur portée, ressortissent essen- tiellement de cette institution protectrice et répressive à la fois, que la Charte constitutionnelle a placée dans le sein de l'un des grands pouvoirs politiques de l'État.

Les faits dont nous venons de vous donner connaissance ont une importance qui n'a pas échappé à votre atten- tion : vous les voyez prémédités et préparés par une association qui, après avoir mis en œuvre, pour en- traîner les masses populaires, les séductions les plus dangereuses, a pris les armes, a fait irruption dans les rues et sur les places publiques, s'est rendue coupable de pillage et d'assassinat, et qui, en s'efforçant d'exciter les citoyens à la guerre civile, avait pour but de renverser le Gouvernement du Roi et d'y substituer un gouverne- ment républicain.

Ainsi, dans le cas où ces crimes seraient établis, ils ren- treraient, d'une part, dans la définition des faits que l'ar- ticle 4 de la loi du 11 avril 1834 place spécialement dans les attributions de la Chambre des Pairs, et, d'une autre part, ils présenteraient, par leur gravité, par leur vio- lence, par les dangers dont ils ont menacé la chose pu- blique, les caractères qui les rangeraient parmi les attentats dont cette haute cour de justice doit se réserver la connaissance.

Votre pensée a dû surtout être frappée de la nature des provocations adressées à la multitude, de ces efforts incessamment renouvelés pour exciter les plus mauvaises passions, de ces recommandations d'une propagande active qu'on entreprenait d'étendre à l'armée, et enfin de cette témérité inouïe avec laquelle les coupables ont passé de la provocation par paroles à la provocation par l'exemple, appelant le combat par le combat, et essayant d'imprimer aux uns la terreur, aux autres la confiance par le succès d'un premier coup de main.

Les inculpés sont nombreux, Messieurs, et si les faits divers qui leur sont imputés se réunissent sous la qualification d'attentat qui leur est commune, ils se divisent cependant suivant les temps, suivant les lieux, comme aussi sous le rapport des circonstances qui les ont constitués et de la part différente que chacun d'eux y a prise.

Ainsi les inculpés ont à répondre sur des faits divers entre lesquels peut exister la connexité, telle qu'elle est définie par l'article 227 du Code d'instruction criminelle, mais qui ne constituent point un fait identique auquel ils aient tous concouru.

En droit, d'abord, la connexité des crimes et des délits n'entraîne jamais nécessairement l'unité d'accusation et des débats, et cette jonction des procédures n'est même établie, comme une règle générale, par l'article 226 du Code de l'instruction criminelle, que, lorsqu'à l'égard des délits connexes, les pièces se trouvent en même temps produites devant la chambre d'accusation. Hors de ce cas, elle n'est que facultative. L'article 307 du Code d'instruction criminelle dispose en effet que, lorsqu'il a été formé, à raison du même délit, plusieurs actes d'accusation, le procureur général *pourra* en requérir la jonction et le président *pourra* l'ordonner.

13.

Il est donc évident que cette jonction n'est pas une nécessité, mais une *faculté* laissée à l'appréciation des magistrats pour la bonne administration de la justice.

Ici, Messieurs, nous sommes précisément dans les termes de la loi, puisque nous vous demandons de statuer, par un seul et même arrêt, sur les crimes dont les pièces se trouvent produites devant vous.

Les autres instructions se poursuivent; aucune d'elles n'est encore complète, et vous avez sous les yeux tous les résultats qui sont quant à présent acquis et complets.

Cette marche, tracée par la loi, est aussi celle que commandaient, d'une part, les nécessités matérielles d'une affaire dans laquelle se trouve encore un très-grand nombre d'inculpés, et, de l'autre, l'intérêt public, qui demande que le grand jour des débats vienne promptement éclairer les causes d'un attentat si audacieux dans son exécution, si cruel dans ses conséquences.

Le mode que nous vous proposons de suivre est celui constamment adopté dans des circonstances analogues par la justice ordinaire. L'état de contumace de l'un ou de plusieurs des prévenus ou des accusés n'empêche pas le jugement de ceux qui sont présents; il en est de même du cas de mort, d'aliénation mentale ou de maladie réputée longue ou incurable, survenu à l'une des personnes poursuivies. Ceux à l'égard desquels la procédure est complète ont droit d'être jugés : de longs délais seraient à leur égard un déni de justice.

L'impossibilité de juger à la fois un très-grand nombre d'individus n'est pas moins insurmontable que celle qui résulte de l'absence ou du décès. Exiger en ce cas un jugement simultané et unique, c'est ne pas vouloir le procès; c'est proclamer l'impunité des crimes de ce genre.

Au reste, les prévenus auraient d'autant moins à se plaindre, que la marche qu'on propose est celle qu'adopteraient en pareil cas les tribunaux ordinaires; c'est celle qu'a suivie la cour d'assises de Paris, pour le jugement de l'insurrection de juin 1832.

Les faits à raison desquels chacun des prévenus est poursuivi, et qui forment la base de la compétence de la Cour des Pairs, sont des faits qualifiés attentats par la loi; des faits dont le complot n'est pas une condition constitutive, et qui tirent leur criminalité de leur nature propre et du but individuel de ceux qui les ont tentés ou consommés.

Ainsi vous n'avez qu'à examiner si les individus sur lesquels nous vous proposons aujourd'hui de statuer, se présentent à vous entourés de charges suffisantes. Plus tard, et à mesure que l'instruction se complétera à l'égard des autres, nous viendrons vous en soumettre les résultats. Nous avons pensé que ce mode de procéder était le plus propre à éviter la confusion, à rapprocher de chaque accusé la discussion des preuves et la décision des juges, et à dégager la position de chacun d'eux des circonstances étrangères qui pourraient obscurcir la vérité : il est tout à la fois le plus conforme au droit commun, le plus favorable aux prévenus, et le plus désirable dans l'intérêt de la société tout entière.

Dans le cas où la Cour, comme nous le pensons, se déclarera compétente, elle aura à examiner les charges individuelles qui pèsent contre chacun des prévenus, et à décider si elles constituent des charges suffisantes pour autoriser la mise en accusation :

En voici le résumé :

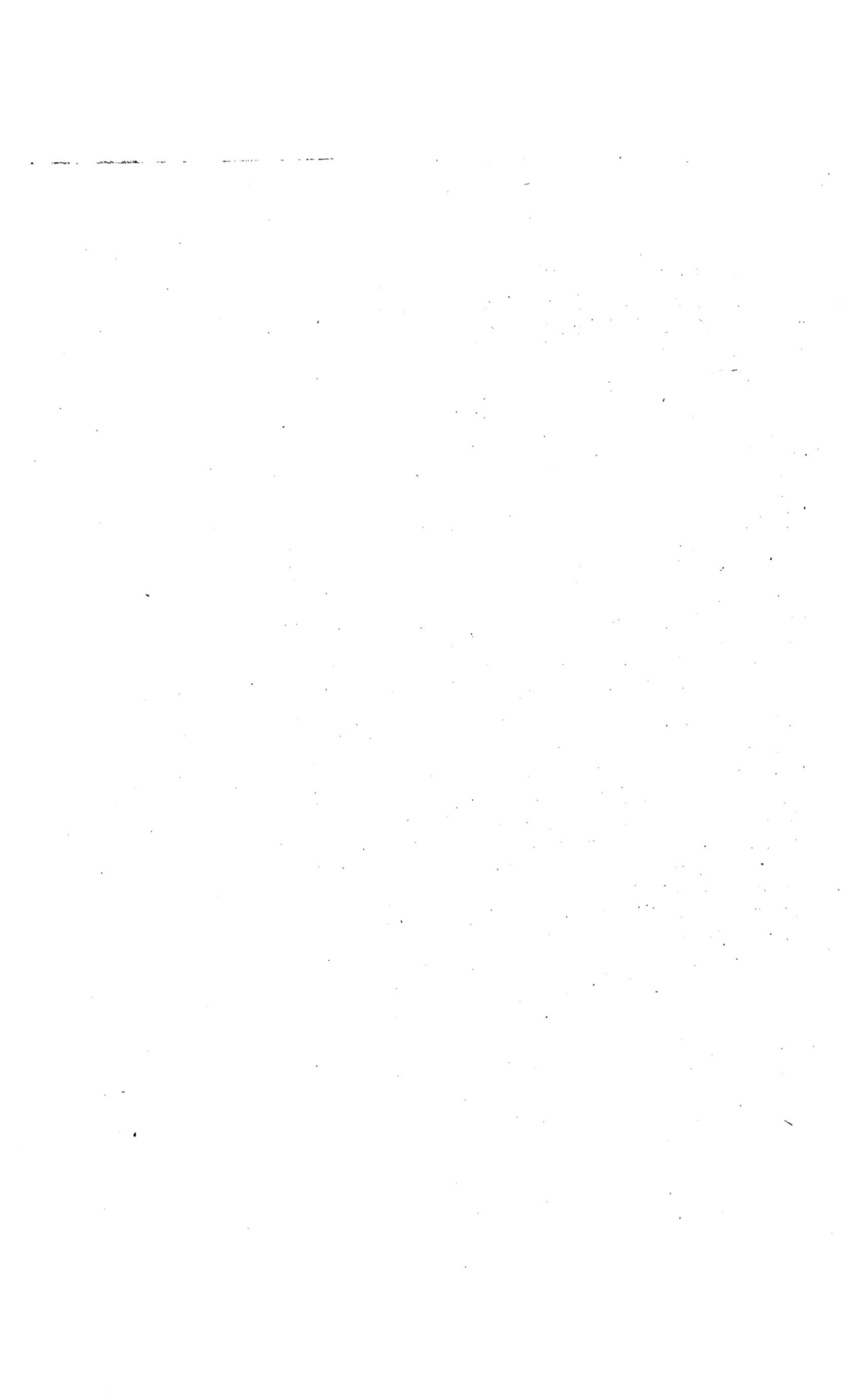

FAITS PARTICULIERS.

CONCERNANT

LES INCULPÉS DÉTENUS.

BARBÈS (Armand), dit DUROCHER, *sans profession, âgé de 29 ans, né à la Pointe-à-Pitre (Guadeloupe), domicilié à Fourton, près Carcassonne (Aude).*

Celui des inculpés actuellement détenus que ses antécédents, sa position, son intelligence, et surtout la gravité des charges dont il est l'objet, placent en première ligne, est le nommé *Barbès.* Il paraît avoir été à la fois l'un des véritables instigateurs de l'insurrection et l'un des principaux acteurs dans les attentats qu'elle a enfantés.

Mais, avant de retracer la part qu'il a prise et de résumer les griefs qui s'élèvent contre lui, il nous paraît utile de mettre sous vos yeux l'homme que vous avez à juger, tel que ses antécédents le font connaître.

Barbès est âgé de 29 ans, il est né à la Guadeloupe, de parents français, et a été élevé au collége de Sorèze. A la mort de ses parents il a été appelé à recueillir une fortune de quelque importance; il n'exerce aucune profession, et son domicile réel est dans les environs de Carcassonne, siége de ses propriétés.

C'est en 1834 qu'on le vit pour la première fois figurer dans les troubles politiques : il se trouvait à Carcassonne peu avant les événements d'avril 1834; il quitta précipitamment cette ville et vint à Paris, où il fut arrêté : il était alors porteur d'une proclamation provoquant à la révolte. Poursuivi à raison de sa participation dans ces faits, sa conduite fut l'objet d'une information de la part des commissaires de cette Cour; mais, après quelques mois de prévention, il fut déclaré n'y avoir lieu à suivre à son égard, par votre commission des mises en liberté.

Bientôt après *Barbès* fit partie des personnes étrangères au barreau qui, sous le titre de conseils des accusés d'avril, furent mandées par la Cour, à raison de la lettre publiée par eux dans le cours des débats. Vos procès-verbaux ont fidèlement conservé les expressions dont il se servit à votre barre; elles révèlent toute sa violence et son exaltation à cette époque.

Il répondit en ces termes :

« Quoique vous nous excitiez par la forme brutale de vos questions, « je ne veux pas vous donner l'occasion de faire une nouvelle orgie de « pouvoir. Je déclare n'avoir ni signé, ni publié la lettre, ni autorisé « la publication qui en a été faite. »

Barbès ne fut pas compris dans les poursuites auxquelles donna lieu le crime du 28 juillet 1835; mais depuis de graves soupçons se sont élevés contre lui d'avoir au moins connu, avant son exécution, cet odieux attentat; car, en 1836, on découvrit dans le logement qu'il occupait précisément le 28 juillet 1835 la proclamation dont il vous a été déjà donné lecture, et que l'on ne peut supposer avoir été faite pour une autre circonstance, surtout si on se rappelle que le condamné Pépin, dans ses révélations dernières, avait avoué avoir révélé les projets de *Fieschi* à *Blanqui*, lequel vivait dans la plus grande intimité avec *Barbès*.

Jamais *Barbès* n'a été poursuivi à l'occasion de cette pièce, dont il s'est toutefois, dans le cours d'une autre procédure, reconnu l'auteur.

L'année 1836 vit apparaître *Barbès* dans l'affaire dite des poudres, dont il vous a été déjà rendu compte, et qui donna lieu contre lui à une condamnation à une année d'emprisonnement; il se fit encore remarquer dans ces débats par l'inconvenance de ses procédés et de sa défense.

En 1837, il se trouva compris dans l'amnistie, mais déjà dans les mois suivants il était traduit devant la Cour d'assises de Carcassonne pour délits de presse à l'occasion de la circulaire en faveur des prolétaires sans travail, que nous avons déjà transcrite : acquitté pour ce fait, il fut condamné à un mois d'emprisonnement pour outrages envers les magistrats composant la Cour d'assises.

En 1838, il revint à Paris, et, peu après son arrivée, il était de nouveau poursuivi pour délit d'association. C'est à cette époque que fut saisie, écrite de la main de l'inculpé, la pièce dont il vous a été donné connaissance, et qui contient les demandes et les réponses pour la réception des membres des sociétés secrètes. Après quelques mois d'information, il fut encore mis en liberté faute de charges suffisantes et grâce aux ténèbres dans lesquelles savent s'envelopper ces associations criminelles.

Tel est l'homme sur lequel vous avez aujourd'hui à prononcer : ses antécédents devaient avant tout vous être signalés, ils contiennent de graves enseignements, et ils sont surtout précieux en ce qu'ils expliquent tout naturellement le rôle que cet individu vient de prendre dans l'insurrection qui a affligé la capitale.

Lors de sa dernière prévention, en 1838, *Barbès* avait été rendu à la liberté le 1er juin : il parait qu'il ne passa que peu de jours à Paris ; il retourna à Carcassonne, où sa conduite donna encore motif de poursuites contre lui.

En avril dernier, il était dans un domaine voisin de cette ville, et rien n'annonçait chez lui l'intention de le quitter, lorsque, dans le courant de ce mois, il manifesta tout à coup le projet d'aller à Marseille et de là à Toulon : vous savez cependant que, dès le 23 de ce mois, sans s'être dirigé par ces villes, on le sait rendu à Paris où il ne tarda pas à appeler bientôt sur lui la surveillance de l'autorité.

En effet, ses démarches étaient équivoques ; il changeait souvent de domicile ; il fréquentait ses anciens amis politiques, et, si l'on en croit les rapports transmis par l'administration, il réunissait habituellement dans des cabarets et autres lieux publics des hommes signalés comme appartenant aux associations secrètes.

Quoi qu'il en soit sur ce point, on apprit que, le jeudi 9 mai, il avait envoyé rue Quincampoix, chez une femme nommée *Roux*, qu'il avait connue autrefois, une malle paraissant très-pesante, qu'il avait annoncé devoir enlever sous peu.

Le dimanche 12, de deux à trois heures, on reconnaît *Barbès* parmi les individus qui viennent en grand nombre investir le logement de cette femme, et réclamer la malle qui y est déposée : en l'absence de la femme *Roux*, on pénètre dans son domicile, et bientôt, à l'aide, soit d'effraction, soit de la clef véritable, on ouvre cette malle : elle contenait des cartouches ; *Barbès* les distribue aux hommes qui l'entourent, et, le premier, il fournit ainsi sciemment aux séditieux les moyens de commettre les crimes dont ils vont se rendre coupables.

Aussitôt que cette distribution eut été faite, la bande que com-

14

mandait *Barbès,* et qui déjà s'était mise en possession d'armes à feu
par le pillage de diverses boutiques, quitte le quartier où jusque là
s'était concentré le désordre, et, descendant les rues Saint-Martin,
des Arcis et Planche-Mibray, longe le pont Notre-Dame, puis le quai
aux fleurs, y charge ses armes et s'avance vers le poste du Palais de
Justice, qui y fait face.

Ici tous les témoins entendus sont d'accord sur un fait; les insurgés avaient en tête un homme de grande taille, maigre, ayant barbe
et moustache, vêtu d'une redingote de couleur foncée très-courte,
qui portait à la main un fusil de chasse à deux coups. Cet homme,
c'est l'inculpé dont nous vous entretenons. Il est impossible de se
méprendre à ce signalement.

Suivi de la bande, cet individu se dirige vers l'officier, et lui crie
de rendre ses armes : la réponse était facile à prévoir : *Plutôt mourir!*
Ce furent ses dernières paroles, le dernier devoir qu'il remplit envers
son pays; car aussitôt l'homme qui lui parlait déchargea sur lui son
arme, à bout portant, mais ce premier coup avait été tiré de trop
près, et il n'atteignit pas; alors cet homme eut le cruel sang-froid de
reculer un pas, d'abattre de nouveau son arme, de coucher en joue,
et d'étendre à ses pieds, de son second coup, ce militaire sans défense.

Ce premier assassinat fut le signal de beaucoup d'autres! Aussitôt
qu'ils ont vu tomber l'officier, les insurgés tirent également à bout
portant sur les soldats qui attendaient, l'arme au bras, les ordres de
leur chef : trois succombent, d'autres sont grièvement blessés, puis
alors le poste est envahi, les armes y sont pillées, et les insurgés, ainsi
guidés par *Barbès,* et surtout animés par son exemple, sont maîtres
d'une première position, et ont remporté un premier succès.

De ces premiers faits résulte contre cet inculpé non-seulement
la preuve qu'il a dirigé le rassemblement insurrectionnel, qu'il lui a
procuré des munitions, qu'il a provoqué un militaire à la désobéis-
sance et à la révolte, mais encore que personnellement il a, avec préméditation, donné froidement la mort à cet officier, parce qu'il refu-
sait de rendre ses armes.

Mis en demeure de s'expliquer à cet égard, *Barbès* n'a fait sur ce
point comme sur tout les autres qu'une réponse, c'est celle-ci :

« Je vous ferai ici la même réponse que j'ai déjà faite dans mon
« premier interrogatoire : Entre vous et nous républicains il ne peut
« y avoir de justice véritable, il n'y a que des questions de force; il ne

« me convient pas d'accepter le rôle que vous voudriez me faire jouer
« dans le procès qui va avoir lieu. J'en jouerai un rôle dans ce pro-
« cès, malgré moi; mais je ne le jouerai pas tel que vous l'aurez taillé
« vous-même. »

Ainsi, attaquer à main armée et sans motif le Gouvernement établi,
provoquer le massacre des citoyens, y participer dans les circonstances
les plus atroces et les plus criminelles, ce sont là, aux yeux de certains
esprits, des actes qui se justifient où s'expliquent par des différences
d'opinions politiques, et qui partant ne sont pas appréciables par les
règles de la justice ordinaire : telle est la morale des factions! et tels
sont les principes sur lesquels elles entendent sans doute fonder
l'ordre qu'elles substitueraient à celui qu'elles veulent renverser et
détruire.

Telle est pourtant la seul réponse que *Barbès* ait faite dans le
cours de l'instruction, aux charges que l'on vient d'énumérer, et qui
lui ont été exposées dans les divers interrogatoires qu'il a subis; il n'a
par conséquent pas cherché à contredire les témoins qui l'ont reconnu,
non-seulement pour le chef des insurgés, mais encore pour l'assassin
du lieutenant *Drouineau*. Ces témoins sont au nombre de cinq :
c'est d'abord le marchand brossier dont la boutique touche immédiatement le poste; c'est en outre le caporal qui se trouvait à côté du lieutenant; puis un horloger établi rue de la Barrillerie, et qui a précisé
avec encore plus de netteté et de force cette reconnaissance; ce sont
enfin deux des soldats qui ont survécu au massacre du peloton qui ce
jour-là composait le poste.

A la vérité, d'autres témoins, tout en ayant donné d'abord de sa
personne un signalement qui s'applique évidemment à *Barbès*, et
ne peut s'appliquer qu'à lui, ont hésité sur le fait matériel de l'iden-
dité; mais dans un pareil instant, et au milieu de la stupeur, de
l'émotion et des douleurs que causent un tel événement, on conçoit,
de la part de ceux qui en ont été témoins, des incertitudes pour retrouver les traits d'un visage, et des scrupules pour en déposer; puis d'ailleurs on comprend que, quand la paix publique est aussi profondément
troublée, quand les personnes et les propriétés ont cessé d'être sous la
sauvegarde des lois, les citoyens s'éloignent des lieux où s'agitent de
telles scènes, et les auteurs de ces crimes finissent par en être les seuls
spectateurs. Mais ici la Providence a permis que de tels crimes ne
puissent demeurer impunis : des témoins ont tout vu, ils ont suivi le

14.

cours de tous les événements, ils en ont déposé avec assurance et courage; vous les entendrez, et vous apprécierez leur langage.

L'on sait qu'après l'attaque du poste du Palais de Justice, les insurgés se dirigèrent sur la préfecture de Police, but de leur entreprise, sans doute, par l'effet moral qu'ils en attendaient, et la désorganisation qu'ils en espéraient dans les services publics; mais déjà le terme de leur succès était arrivé : ils furent, comme on l'a dit, repoussés dès qu'ils parurent devant l'hôtel de la police, et bientôt la sédition eut cessé de dominer dans la cité. On ignore si *Barbès* a fait partie des insurgés qui se rendirent jusque sur le quai des Orfèvres; nul témoin n'a pu être entendu sur ce fait, et les derniers résultats obtenus par l'instruction tendent même à établir le contraire.

En effet, il résulte de la déclaration faite le 7 courant, par le nommé *Nouguez,* qu'aussitôt après avoir pris une telle part aux premiers actes de l'insurrection, *Barbès* se rendit à l'Hôtel-de-Ville : là il coopéra encore à l'attaque de ce poste; il est même reconnu par le lieutenant de la compagnie qui s'y trouvait. Puis, lorsque le poste fut pris, il monta sur les marches, et y donna lecture d'une proclamation que n'entendit pas *Nouguès;* mais qui très-évidemment était celle dont il vous a été donné lecture, qui porte la signature de *Barbès,* et qui avait été préparée pour la sédition.

Ici l'instruction perd *Barbès* pendant quelques heures; elle ne le retrouve plus qu'au moment de son arrestation, vers huit heures du soir, non loin de la barricade élevée rue Grenétat, peu après qu'elle venait d'être emportée par la troupe. En ce moment il essayait de sortir de la circonscription dans laquelle se trouvait alors renfermée la sédition; il était alors souillé de sang et portait des traces de poudre. Au moment où il fut arrêté, il se donna le faux nom de *Durocher,* et c'est sous ce pseudonyme qu'il fut le soir même conduit à l'hospice Saint-Louis, où bientôt il fut reconnu.

Il est à remarquer qu'au moment où il fut mis en arrestation, il invoqua, des militaires qui le conduisaient, le service de lui donner la mort : prière désespérée, qu'ils refusèrent avec indignation, en lui disant qu'ils n'étaient pas des assassins.

L'état dans lequel se trouvait l'inculpé témoignait de sa participation active dans les événements de la journée; il était atteint de trois blessures : une au côté, une autre à la main, une troisième beaucoup plus grave, à la tête; en outre, il est constaté qu'il avait les mains noircies par la poudre. Il est donc évident, bien que l'instruction ne puisse indiquer les lieux où il s'est trouvé, qu'il a combattu dans les rangs, et on peut dire à la tête des insurgés.

Tout indique, en effet, que le principal rôle dans cette déplorable journée appartient à *Barbès;* vous l'avez vu commençant par fournir aux insurgés une énorme quantité de cartouches, puis en opérer entre eux la distribution, puis prendre le commandement des bandes insurrectionelles, lire aux insurgés la proclamation, puis venir sommer un officier de livrer ses armes, et, sur son refus, lui donner lui-même la mort; puis, enfin, se rendre dans les quartiers servant de centre à la sédition, et y prolonger la lutte engagée contre la force publique : toutes ces circonstances font nécessairement de cet inculpé, le premier et le plus important auteur des attentats qui vous sont déférés.

Un dernier fait révélé par l'instruction est encore venu aggraver sa position.

Le lundi 13 mai on découvrit sur le cadavre d'un nommé *Maréchal,* tué dans l'action, et qui avait été transporté à l'hôpital Saint-Louis, un très-petit billet sur lequel on lisait : *à 2 1/2 rue Saint-Martin, n° 10, chez le marchand de vin.* C'était certainement un ordre de convocation donné à l'occasion des événements de la veille, et l'indication d'un lieu de rendez-vous; car le marchand de vin a déposé que, précisément à cette heure, son cabaret avait été envahi par des hommes dont les démarches et les propos avaient excité sa méfiance, et qui, lorsque la sédition commença s'opposèrent à ce qu'il fermât sa boutique : or ce billet a été reconnu pour provenir de *Barbès;* il est avéré qu'il est de son écriture, d'où la conséquence que cet inculpé a prémédité et préparé l'attentat, comme il a concouru à sa consommation.

NOUGUÈS (Pierre-Louis-Théophile), *imprimeur, âgé de 23 ans, né Paris, y demeurant, rue de la Bucherie, n° 15.*

Le sieur *Nouguès* a été arrêté le 6 courant et sa présence dans la procédure y a jeté de suite diverses clartés :

Ce jeune homme est âgé de vingt-trois ans, est typographe de son état, et d'ordinaire il travaille au journal *le Moniteur*.

Déjà, en 1836, il avait attiré sur lui l'attention de l'autorité. Dans le cours de l'instruction qui se suivait alors contre le nommé *Blanqui*, il entreprit d'enlever, dans le Palais même, cet inculpé des mains de la justice : cette tentative échoua; mais *Nouguès*, arrêté en flagrant délit avec plusieurs autres individus, paya de quelques semaines d'emprisonnement cet acte de témérité.

Au 12 mai, on crut savoir qu'il avait pris une part active à l'insurrection : un mandat fut décerné contre lui; ce n'est, comme on l'a dit, que le 6 juin qu'il a pu être mis à exécution.

La perquisition opérée à son domicile amena la découverte de plusieurs pièces et lettres qui ne laissaient point de doutes sur sa complicité; on y trouva entre autres une lettre, signée de l'inculpé, à l'adresse d'une fille *Morel*, et qui, datée du 13 mai, contenait ces mots : « *Jusqu'ici il ne m'est rien arrivé.... Nous avons combattu* « *toute la journée; ça recommencera ce soir; prie pour moi, etc.* »

On saisit aussi une formulaire d'initiation aux sociétés secrètes, contenant la série des demandes et des réponses qui sont faites pour les réceptions; plus, quelques caractères d'imprimerie *petit-romain* paraissant avoir servi à l'impression de ce formulaire, et enfin on remarque, circonstance digne d'intérêt, qu'il existe une frappante coïncidence entre le caractère de ce formulaire et celui de la proclamation qui avait été saisie chez les frères *Lepage* : nous devons dire de suite que l'instruction a confirmé cette observation, et qu'un habile imprimeur, M. *Crapelet*, consulté comme expert, a décidé que l'un et l'autre avaient absolument la même origine.

Dans le cours de la perquisition, on eut la preuve que *Nouguès* entretenait des relations avec une fille *Daniel*, demeurant rue Serpente, 5; on s'y transporta, et, dans la paillasse du lit de cette fille on saisit deux fusils de chasse, dont un cassé à la crosse, qu'elle convient avoir été apportés et déposés dans cet endroit par *Nouguès*; en outre, dans ce local, on découvrit une lettre timbrée du 10 mai, et signée collectivement par l'inculpé et un nommé *Martin*, et dans laquelle ils demandaient en commun à cette femme de leur prêter de l'argent, voulant *avant de se préparer à un sacrifice payer leurs dettes en*

*hommes d'honneur, et ajoutant qu'en cas de succès de l'entreprise,
la somme serait fidèlement remboursée; puis, suivaient quelques
phrases qui ne permettent pas de douter que l'entreprise indiquée ne
fut l'acte séditieux du 12 ; les autres pièces saisies, tant chez cette fille
que chez l'inculpé, n'avaient qu'une moindre importance.*

Nouguès, a été mis en demeure de donner des explications tant
sur ces lettres que sur la part qu'il paraissait avoir prise à l'insurrection; vous connaissez le système de franchise dans lequel il est de
suite entré, et les aveux pleins de repentir qui lui sont échappés : nous
devons vous les rappeler ici avec plus de détails.

Nouguès est convenu qu'il avait été averti de se tenir prêt, et qu'il
n'ignorait pas qu'une collision était sur le point d'éclater. Il a déclaré
que c'étaient ses opinions républicaines qui l'avaient entraîné à prendre
les armes rue Bourg-l'Abbé, où il avait reçu des munitions, et qu'il
était allé successivement aux attaques du poste du Châtelet, de
l'Hôtel-de-Ville et du poste du marché Saint-Jean, à l'envahissement
des 6ᵉ et 7ᵉ mairies, et enfin aux barricades Grenétat, qui furent si
vivement défendues : il convient d'y avoir fait feu sur la troupe ; mais
c'est surtout au sujet du marché Saint-Jean qu'il est entré dans plus
de détails, et peut-être n'est-il pas inutile de mettre sous vos yeux le
texte même de sa déclaration sur ce point : « A la place Saint-Jean,
« les chefs qui nous commandaient se sont approchés du sergent
« en lui demandant de rendre ses armes ; celui-ci, se conduisant bien
« comme soldat (parce qu'il y avait danger pour lui à courir) fit croiser
« la baïonnette ; deux insurgés s'étant approchés trop des soldats, sans
« doute pour s'emparer des armes, furent piqués par les baïonnettes de
« deux soldats ; alors on recula de quelques pas, et on fit feu sur la
« troupe ; quatre soldats tombèrent ; on ne fit rien aux autres, et on
« consola même ceux qui survivaient ; moi-même, quoique j'eusse,
« comme les autres, lâché un coup de fusil, je m'approchai d'un mili-
« taire qui respirait encore, et dont le souvenir me sera toujours
« présent, et je lui demandai s'il nous en voulait, cherchant à lui
« persuader que nous déplorions la nécessité où nous nous étions
« trouvés ; ce malheureux mourut en nous pardonnant. — *Demande.*
« Vous croyiez donc avoir quelques reproches bien graves à vous
« adresser, pour que, dans un pareil instant, vous ayiez cru devoir
« implorer votre pardon ? — *Réponse.* J'ai pu avoir, mais je ne crois

« pas avoir eu ce reproche à me faire, car c'est par un mouvement
« convulsif que j'ai lâché la détente. »

Dans son premier interrogatoire, *Nouguès* avait surtout fait connaître sa propre participation dans l'insurrection, et, tout en annon-
çant que plusieurs de ceux qui l'accompagnaient dans la soirée du
12 mai étaient aujourd'hui détenus, il n'avait voulu nommer personne ; mais, lors du second interrogatoire que lui a fait subir M. le
Chancelier, apportant moins de restrictions à ses aveux, il désigne formellement *Barbès, Blanqui* et *Martin Bernard* comme les chefs de
l'insurrection, et déclare qu'ils étaient sur les différents points où elle
avait éclaté ; ainsi il signale *Barbès* comme ayant été constamment à
la tête des rassemblements ; il l'a suivi au marché Saint-Jean pour y désarmer le poste, et il l'a entendu lire une proclamation sur les marches
de l'Hôtel-de-Ville (fait que nous avons déjà indiqué lorsqu'il s'est agi
de cet inculpé) ; il a vu *Blanqui* rue Bourg-l'Abbé, à l'Hôtel-de-Ville
et à une mairie ; « il savait, a-t-il dit, que c'était un homme éminent
« dans le parti républicain ; c'est pour cela qu'il l'a plus particulière-
« ment remarqué dans les affaires du 12 mai. » Quant à *Martin Bernard*, il l'a vu dans dans le courant *de la marche* presque partout,
notamment rue Bourg-l'Abbé et à la barricade de la rue Grénétat ;
c'est par deux de ses camarades, qui connaissent *Martin Bernard*,
qu'il a été prévenu, le samedi, de se tenir prêt pour le lendemain ;
Martin Bernard lui avait précédemment demandé s'il viendrait avec
les autres quand il y aurait des revues (c'est-à-dire des réunions de
sociétaires). Enfin, et c'est le point dominant et surtout considérable de
cet interrogatoire, il attribue exclusivement le fait de l'insurrection aux
sociétés secrètes. « On était, dit-il, sur ses gardes depuis plus d'un mois ;
« mais le choix du moment était le secret des chefs ; eux seuls savaient
« au juste à quel moment on attaquerait, puisqu'ils faisaient venir leurs
« hommes pour passer des revues. Au surplus, je me repens d'avoir
« pris part à une telle entreprise : les chefs, qui nous disaient que le
« peuple était pour nous, qu'il suffisait de se montrer, nous ont trompés,
« ou ils ont été trompés. Je me repens, parce qu'une révolution tentée
« par une minorité est toujours coupable.... »

Dans le troisième interrogatoire, en date du 8 de ce mois,
Nouguès a donné plus de détails encore sur l'organisation des sociétés
secrètes. Voici, Messieurs, ces détails, que nous devons vous faire
connaître en leur entier : « Je ne connais de société secrète que celle

« dont *Barbès* et *Martin Bernard* faisaient partie. Comme je vous l'ai
« dit hier, la plus petite subdivision se composait de six hommes et
« d'un chef qui formaient une semaine ; ce chef s'appelait un Di-
« manche; quatre semaines réunies comme cela sous un chef com-
« posaient un mois formé de vingt-huit hommes, de vingt-neuf avec le
« chef. Le chef de cette fraction se nommait un Juillet; trois mois for-
« maient une saison commandée par un chef que l'on nommait Prin-
« temps : cela composait quatre-vingt-huit hommes. Enfin, la plus
« grande subdivision, la dernière, se composait de quatre saisons
« réunies, et formait une année; le chef d'une année s'appelait, à ce
« que je crois, Agent révolutionnaire....Je suppose, d'après le nombre
« de chefs que j'ai vus, qu'il n'y avait pas plus de trois années; que
« *Barbès, Blanqui* et *Martin Bernard* étaient chefs au même titre.....
« J'ai entendu dire par les hommes les plus infimes de l'association,
« par des jeunes gens, par des ouvriers, qu'il y avait un conseil exé-
« cutif qui se déclarerait au moment du combat; c'est ce qui explique
« pourquoi on s'est rué sur *Martin Bernard*, le dimanche 12 mai, rue
« Bourg-l'Abbé, comme je l'ai dit hier pour lui demander de faire
« connaître le conseil exécutif. » Il termine en disant qu'il est à sa connaissance que la société des *Saisons* est celle qui a succédé à la société des *Familles*.

BONNET (Jacques-Henri), *graveur, âgé de 28 ans, né à Genève,
demeurant à Paris, rue Bourg-l'Abbé, n° 16.*

Le dimanche 12 mai dernier, vers trois heures de l'après-midi, au
moment où, des divers cabarets du quartier environnant la rue Bourg-
l'Abbé, sortaient par groupe les factieux qui, peu d'instants après, en-
levaient d'assaut les magasins d'armes des frères Lepage, deux individus, tous deux genevois, descendirent des étages supérieurs de la
maison sise rue Bourg-l'Abbé, n° 16, une malle pesante qu'ils posèrent
tout aussitôt au milieu de la rue, qu'ils ouvrirent, et dont ils retirèrent
une certaine quantité de cartouches à balle du calibre, dit-on, des
armes de chasse. Ces cartouches servirent tout aussitôt à charger les
armes pillées aux magasins dont on a parlé.

15

Ce fait avait eu lieu avec si peu de précaution, que tout le quartier en fut aussitôt informé.

Le 13 mai, vers quatre heures du matin, une descente de justice était opérée dans la maison susindiquée, et spécialement au domicile des nommés *Bonnet, Doy* et *Meillard :* c'étaient les ouvriers genevois que le cri du quartier, que la rumeur publique signalait.

Ce domicile avait été abandonné dès la veille par *Doy* et *Meillard.*

Un seul y restait encore : c'était *Bonnet.*

Interpellé sur le fait de la distribution des cartouches dont il vient d'être parlé, *Bonnet* déclara d'abord qu'il s'attendait à une perquisition, parce que les distributions de cartouches avaient été faites dans l'allée de la maison, sans qu'il sût par qui ni d'où elles provenaient.

Mais, pressé de questions, il se décida à convenir que la malle, contenant les cartouches dont il s'agit, avait été introduite dans son logement à son insu, et descendue dans l'allée après le pillage du magasin des sieurs *Lepage.*

Bonnet fut arrêté.

Devant le juge d'instruction, il entra dans quelques détails. Voici ce qu'il raconta :

Vers dix heures, deux inconnus se présentèrent chez lui de la part de *Meillard,* avec une malle qu'ils se dirent chargés d'entreposer pour une heure ou deux.

L'un de ces individus était vêtu d'une blouse; c'était celui qui portait la malle.

Ces inconnus étant partis, *Doy* et *Bonnet* soulevèrent la malle, la trouvèrent pesante, et craignant qu'elle ne renfermât quelque chose de compromettant, ils se mirent aussitôt à la recherche de *Meillard,* qu'ils rencontrèrent au café des Deux-Portes.

Là, *Meillard* n'aurait pas dit ce que contenait la malle, mais il aurait promis à ses deux cochambristes qu'avant deux heures elle serait enlevée.

Puis *Meillard* serait parti de son côté; *Bonnet, Doy, Rosciaud, Châtelain* seraient allés déjeûner ensemble chez *Fournier,* marchand de vins, rue du Petit-Lion-Saint-Sauveur, au coin de la rue Saint-Denis.

A une heure, *Châtelain*, *Rosciaud* et *Doy* se seraient séparés de *Bonnet*, et celui-ci, retournant au café des Deux-Portes y aurait retrouvé *Meillard* en compagnie de deux individus qu'il a vus souvent, mais qu'il ne connaît pas.

Jusqu'à deux heures, il serait resté dans ce café, où il aurait pris, avec *Meillard* et les deux inconnus, une demi-tasse de café, aurait été d'une table à une autre causer avec des jeunes gens qu'il connaît, notamment un nommé *Alfred* et la maîtresse du café.

Sortis du café avec *Meillard* et les deux inconnus, *Bonnet*, *Meillard* et l'un de ceux-ci auraient dirigé leur promenade vers la Halle, puis à la place du Châtelet. Remontant les quais, ils pénétrèrent rue des Arcis, rue Saint-Martin, firent la rencontre de *Rosciaud*, *Cavé*, *Châtelain*, revenant de l'Hôtel-Dieu, où ils avaient été visiter un ami commun, le genevois *Junot*.

C'est à la rue aux Ours que *Meillard*, *Bonnet* et l'inconnu se seraient séparés, *Bonnet* pour rentrer chez lui, où la malle devait être prise presque aussitôt par *Meillard*, qui aurait promis de la venir prendre sans délai.

Cinq minutes se seraient à peine écoulées, lorsque *Meillard* se serait présenté à *Bonnet* pour dégager sa parole; mais, sur sa demande, *Bonnet* aurait dû l'aider à descendre sa malle, à l'apporter jusqu'à la porte de la rue; mais à ce moment le tumulte commençait; les cris de : *Aux armes!* partaient de toutes parts, une foule assiégeait la maison; la malle est ouverte par *Meillard*, et les cartouches sont enlevées par la foule.

Que fit alors *Bonnet?* Suivant lui, il se sauva, mais précisément pour gagner la scène du pillage, car c'est vis-à-vis le passage Saucède qu'il rencontra *Doy* près d'un groupe de deux à trois cents personnes, recevant des armes qu'on lui jetait par les fenêtres. Dans une conjoncture aussi grave, qu'auront décidé les deux amis, les deux compatriotes, les deux cochambristes? l'un, *Doy*, d'aller au spectacle; l'autre, c'est *Bonnet*, parle d'aller au café des Deux-Ponts.

C'est aussi ce que *Bonnet* aurait fait, car dès ce moment nous perdons, pour quelques heures, la trace de *Doy*. Après être resté une demi-heure dans ce café, *Bonnet* en serait sorti avec *Beauly* et *Cavé* pour aller voir ce qui se passait.

Ils se seraient donc rendus d'abord rue Saint-Martin, où le bruit

15.

commençait déjà, rue Saint-Merry ou rue des Arcis, enfin vis-à-vis le marché Saint-Jean. La fusillade commençait à s'engager sur ce point; des insurgés tiraient, du haut de la rue de la Vannerie, sur des gardes municipaux à pied, vers trois heures et demie.

A partir de ce moment, *Bonnet,* s'il faut l'en croire, aurait cherché un refuge dans un hôtel du voisinage, au coin du marché Saint-Jacques, avec *Cavé* et *Beauly;* il serait entré chez le marchand de vins, maître de la maison, où il se serait fait servir un verre d'eau sucrée, parce qu'il aurait été ému de ce qu'il avait vu.

Le bruit recommencé les aurait retenus une heure environ dans le cabaret, d'où ils seraient sortis, dans un intervalle de calme, pour se rendre au café des Deux-Portes.

A la brune, *Bonnet* et *Beauly* auraient dirigé leur promenade vers le Palais-Royal.

Puis ils seraient revenus au café des Deux-Portes, où ils se seraient retrouvés avec *Châtelain, Rosciaud* et *Doy,* où ils avaient fait la rencontre des sieurs et dame *Portier,* de *Humbert* et de *Tissot.*

Ainsi *Bonnet* convient de s'être trouvé, dans le courant de la journée du dimanche 12 mai, sur tous les points où l'émeute s'organisait, où la résistance était complète; il reconnaît avoir assisté, mais comme spectateur, aux principales scènes de cette triste journée. *Bonnet* a été partout où le désordre a éclaté, et, pendant que le désordre était flagrant, il était rue Bourg-l'Abbé, à la porte de sa demeure, dans le groupe des pillards, aux barricades des rues Saint-Denis, Planche-Mibray, à la prise du poste de l'Hôtel-de-Ville, à l'attaque de celui du marché Saint-Jean.

Sa promenade avec *Meillard* ressemble à une sorte de revue, dont le caractère est expliqué par la fameuse proclamation trouvée au magasin des frères *Lepage* après le pillage.

Cette proclamation est l'une des pièces qui assignent à *Meillard* le titre de général de division de l'armée républicaine; la déclaration de *Nouguès* confirme ce fait. *Meillard* a été blessé en combattant à la tête des révoltés; il est en fuite ainsi que son frère.

Au surplus, ce qui prouve que la culpabilité de *Bonnet* ne résulte pas seulement de ses propres aveux, à l'occasion de la distribution de cartouches opérée au devant de sa maison, c'est qu'il a été reconnu, dans le cours de l'instruction, par le sieur *Lamirault,* tambour de la garde nationale, de service le 12 mai au poste de l'Hôtel-de-Ville, pour s'être trouvé dans le groupe des factieux qui ont désarmé la force publique gardienne de l'Hôtel-de-Ville.

ROUDIL (Louis), *ouvrier en parapluies, âgé de 19 ans, né à Ruine (Cantal), demeurant à Paris, rue Michel-le-Comte, n° 28;*

GUILBERT (Hippolyte-Grégoire), *corroyeur, âgé de 37 ans, né à Breteuil (Oise), demeurant à Paris, rue Neuve-d'Angoulême, n° 10.*

Le 12, entre trois et quatre heures, les insurgés, après l'attaque du poste du Palais de Justice, se portèrent, comme on l'a dit, sur la Préfecture de police; mais il faut remarquer que tout d'abord, pour assurer leur position, une partie d'entre eux fut s'établir sur le quai Saint-Michel et le quai des Augustins; de là, pendant plus d'un quart d'heure, ils tirèrent impunément sur les bâtiments de la police et les gardes municipaux qui stationnaient ou circulaient sur le quai des Orfèvres; quelques courageux citoyens mirent un terme à ces désordres; ils se jetèrent sur deux des individus qui composaient ce rassemblement, et ils parvinrent à les arrêter et les désarmer.

Ces deux hommes sont les nommés *Roudil* et *Guilbert;* tous deux ont été vus tirant plusieurs coups de feu, et c'est lorsqu'ils rechargeaient leurs armes, qu'on est parvenu à s'emparer de leurs personnes.

Jusqu'ici *Roudil* n'avait pas de précédents judiciaires; mais on ne saurait voir en lui un homme entraîné ou contraint comme il a prétendu l'être; il a fait preuve dans l'instruction d'une impassibilité effrayante chez un homme de cet âge, et qui témoigne que chez lui les principes démagogiques ont jeté de profondes racines. Au moment de son arrestation, il était porteur d'un fusil de chasse à deux coups, d'une giberne sur sa blouse; en outre, dans un mouchoir qui ceignait ses reins, se trouvaient sept paquets de cartouches, des balles et des capsules. *Roudil* a dit que, passant vers deux heures dans la rue Bourg-l'Abbé, il avait été forcé par les insurgés de prendre une des armes que l'on distribuait dans cet endroit; qu'il avait été ensuite conduit par eux jusqu'au quai aux Fleurs, où il avait entendu, mais sans voir la scène, tirer des coups du fusil; que là on l'avait encore forcé d'endosser une giberne; qu'enfin, toujours contraint, il était allé sur le pont Saint-Michel où il avait été arrêté; mais toutes ses assertions sont contraires à la vérité. *Roudil* était, au dire des deux témoins, l'un des hommes les plus exaltés; il a été vu tirant plusieurs coups de fusil, et, quand on l'a arrêté, il a opposé la plus vive résistance; criant même qu'il combattait pour la liberté; et assurément ce ne sont là ni les actes ni les propos d'un homme que l'on force à suivre passivement une insurrection; en outre, l'instruction a établi que la giberne dont il était porteur avait appartenu à un militaire du poste qui venait d'être désarmé au Palais-de-Justice, le fusilier *Phorbel* tué par les insurgés. Il n'est pas prouvé que *Roudil* soit le meurtrier de ce soldat, mais la présence en sa possession de la giberne de ce militaire est une charge dont la gravité n'échappera pas à la Cour.

L'autre individu arrêté dans les mêmes circonstances que *Roudil* est le nommé *Guilbert,* corroyeur, âgé de 37 ans, qui, lui aussi, était porteur d'un fusil, mais de munition, et dont on lui a vu faire plusieurs fois usage sur le pont Saint-Michel, en tirant dans la direction du quai des Orfévres. Comme *Roudil,* il a opposé de la résistance aux citoyens qui se sont emparés de lui, qui l'ont désarmé et l'ont conduit eux-mêmes à la Préfecture de police; mais cet inculpé adopte un système plus invraisemblable encore que celui de *Roudil.* Il prétend qu'entré par hasard dans une allée, rue de la Vieille-Draperie, il y a trouvé un fusil et des cartouches; qu'il s'en est emparé et que, depuis l'endroit où il fit cette découverte jusqu'à celui où il a été arrêté, il les offrait aux passants sans en faire personnellement usage. Il n'est besoin que de vous signaler un pareil système pour en faire juger toute l'invraisemblance; il tombe d'ailleurs en présence des témoignages recueillis par l'instruction, et qui prouvent que cet individu a fait feu et qu'il a été pris en flagrant délit quand il rechargeait son arme.

Enfin l'information, en recherchant l'origine du fusil saisi en sa possession, a constaté qu'il avait été pris, comme la giberne dont était porteur le nommé *Roudil,* dans le poste du Palais de Justice. Ces deux hommes ont donc concouru aux mêmes faits; ils se sont rendus complices des mêmes crimes, et c'est par ce motif qu'un seul et même rapport vous est présenté à leur égard.

DELSADE (Joseph), *tabletier, âgé de 32 ans, né à Romain (Moselle), demeurant à Paris, Place de la Rotonde, n° 84.*

L'attaque de la Préfecture de police, qui, dans la pensée des insurgés, paraissait être un des principaux buts de l'insurrection, n'a été, dans l'exécution, qu'un des incidents les plus minimes de cette journée. Cette attaque ne pouvait être qu'une surprise; mais déjà l'autorité, avertie par les scènes du poste du Palais, était en mesure, et elle attendait; aussi la sédition ne fit-elle que gronder autour de l'hôtel : les précautions prises paralysèrent promptement ce qu'une pareille tentative avait de téméraire et d'audacieux.

Néanmoins une démonstration fut faite par les factieux : débouchant par la rue de la Barillerie, ils descendirent précipitamment sur le quai des Orfévres, coururent, au nombre d'une vingtaine, jusqu'à la rue de Jérusalem, et, sans y entrer, déchargèrent leurs armes sur les bâtiments de la Préfecture. Un feu bien nourri répondit au leur, et aussitôt ils continuèrent leur marche sur le quai des Orfévres, en se dirigeant du côté de la rue de Harlay; mais, entre cette dernière rue et celle de Jérusalem, il y eut de leur part un instant d'arrêt, et un homme, qui paraissait être leur chef, leur cria : *Pas ici! plus loin!* Sur cet ordre, ils disparurent. Cet homme qui avait prononcé ces mots a été reconnu par la dame *Viard*, marchande de vins, quai des Orfévres, pour le nommé *Delsade*, ouvrier tabletier, sur l'identité duquel cette femme pouvait avoir d'autant moins de doute que le beau-frère de l'inculpé, garçon de bureau à la Préfecture, tenait, dans les dernières années, un café rue de Jérusalem; l'inculpé l'avait d'abord fréquenté habituellement, mais il avait fini par s'en faire expulser à raison des propos qu'il y tenait sans cesse sur la politique, et du danger auquel ses principes républicains pouvaient exposer le maître de cet établissement.

Delsade a nié s'être trouvé sur le quai des Orfévres à l'heure indiquée, c'est-à-dire vers quatre heures, et il a prétendu exciper d'un alibi pour le prouver; mais, d'une part, il n'a nullement justifié de cet alibi, et, d'un autre côté, on ne peut supposer que cette femme, qui connaît si parfaitement et depuis si longtemps *Delsade* ait pu se tromper sur le fait de sa présence au milieu des insurgés, fait qu'elle déclare et affirme sous la foi du serment.

Au reste, l'instruction, en s'attachant à éclairer ce point, a recueilli diverses données qui ne peuvent guère laisser de doute sur la participation de *Delsade* dans les événements de cette partie de la journée.

On a entendu en témoignage la femme *Champagne* qui a déposé que, vers cinq heures, *Delsade* était venu avec deux autres individus à son domicile, rue Oblin, n° 1, et lui avait demandé avec précipitation de lui permettre d'y cacher trois fusils et une baïonnette, en lui faisant savoir qu'ils venaient de se battre au poste du Palais de Justice. L'un de ces fusils a été reconnu par le sieur *Lepage* pour provenir du pillage de ses ateliers; l'instruction n'a pu faire connaître l'origine des deux autres fusils ni celle de la baïonnette. La femme *Champagne* ne put se refuser à l'exigence de ces hommes armés, mais elle s'est empressée de faire sa déclaration, et ces armes ont été saisies en sa possession dans l'endroit même où ils les avaient placées. De plus, la femme *Papeguet*, demeurant même maison que la femme *Champagne*, a déclaré, ainsi que son garçon de boutique, que l'inculpé *Delsade*, avant d'entrer chez la femme *Champagne*, s'était présenté chez eux et leur avait demandé de déposer ses armes; ce ne fut même que sur leur refus qu'il se décida à les porter chez cette dernière, et ce fait, qui vient confirmer entièrement la déclaration de la femme *Champagne*, ne permet point de doutes sur la participation de *Delsade* à la première phase de l'insurrection.

La présence de l'inculpé devant le poste du Palais de Justice, au moment de l'attaque, semble d'ailleurs établie par la déclaration de deux militaires, qui ont dit qu'ils croyaient pouvoir le reconnaître pour avoir fait partie du rassemblement qui les a attaqués; mais on doit à la vérité de déclarer que sur ce point l'information est moins concluante.

C'est dans la soirée du même jour qu'il fut arrêté dans les environs de la rotonde du Temple; il était dans un cabaret d'où plusieurs coups de feu furent tirés sur la troupe qui y fit invasion. A son entrée, l'officier fut mis en joue par un insurgé, en même temps qu'un autre essayait de s'évader; on s'empara de ce dernier, et il fut même blessé dans la lutte : c'était l'inculpé *Delsade*. Il n'avait pas de fusil; mais ses mains étaient noires de poudre, elles en exhalaient l'odeur, et il était évident qu'il venait de faire usage d'une arme à feu. Il a nié cette circonstance;

il a même nié, dans l'instruction, que ses mains portassent des traces de poudre; mais le témoin qui en a déposé, et qui l'a répété dans l'instruction, est trop précis et trop positif pour que ce point puisse être incertain.

Delsade est donc inculpé d'avoir participé à l'attaque du poste du Palais de Justice et à celle de la Préfecture de police, concouru au pillage des sieurs Lepage, où il s'est emparé d'un fusil, et enfin d'avoir, dans la soirée du même jour, pris part aux attentats qui ont eu lieu dans le quartier du Marais.

MIALON (Jean-Antoine), *terrassier, âgé de 56 ans, né au Petit-Fressonnet (Haute-Loire), demeurant à Paris, quai Napoléon, nº 29.*

Le dimanche 12 mai 1839, le nommé *Jean Bussy,* manouvrier, qui travaille aux constructions de l'Hôtel-de-Ville de Paris, sous la direction du sieur *Vinet,* était allé à son travail à cinq heures du matin. Le sieur *Vinet* ayant interrompu la paye à cause des troubles, *Bussy* descendit sur la place de l'Hôtel-de-Ville, en sortant par l'arcade Saint-Jean; il vit, tant sur la place que près du poste ou à l'intérieur, environ quatre-vingts insurgés, dont cinquante étaient armés de fusils de chasse. Si l'on en croit sa déclaration, trois insurgés l'abordèrent, le forcèrent de prendre un fusil, et l'entraînèrent avec eux jusqu'au marché Saint-Jean, et il les quitta après la prise de ce poste. Quoi qu'il en soit, *Bussy* était au marché Saint-Jean : ce fait fut connu, et *Bussy* fut arrêté. Il soutint qu'il était allé là comme contraint, et qu'il avait profité du désordre qui eut lieu dans le marché Saint-Jean, après la prise du poste, pour s'évader. Des questions lui furent faites sur les personnes qu'il avait pu voir là; il finit par déclarer qu'il avait remarqué un ouvrier terrassier qu'il connaissait de vue, qui avait fait feu sur le poste du marché Saint-Jean; et, d'après les indications qu'il donna, on découvrit que l'ouvrier dont il parlait était le nommé *Mialon (Pierre-Antoine).* Ce dernier fut arrêté, le 18 mai, à son domicile, quai Napoléon, nº 29; et au même moment le commissaire saisit une cartouche à balle et une balle, et dans le cours de la perquisition, en visitant les poches d'une veste de velours olive, il y trouva de la poussière qui lui parut contenir de la poudre;

16

il en exposa une partie à l'action du feu en présence de *Mialon :* il se fit alors une petite explosion qui ne laissa plus de doute sur la présence de la poudre. *Mialon* convint qu'il portait cette veste le dimanche 12 mai; elle fut saisie ainsi que la cartouche et la balle. Interpellé dès le premier moment de dire d'où lui provenaient la cartouche et la balle, il répondit au commissaire de police : *Je n'en sais rien; c'est peut-être moi ou mes enfants qui les aurons trouvées.* Plus tard il a dit les avoir ramassées vers le milieu du quai aux Fleurs.

Cependant on était informé que les habitants de la rue aux Ours avaient vu, dans l'après-midi du 12 mai 1839, un homme, vêtu d'une veste et d'un pantalon de velours vert olive, appuyer un fusil de munition sur une voiture formant une barricade au coin de la rue Bourg-l'Abbé, au moment de l'apparition des gardes municipaux à cheval dans la rue Saint-Denis, en face la rue aux Ours, tirer sur ces gardes, tuer le maréchal des logis *Jonas,* et recharger ensuite son fusil avec le plus grand sang-froid. Cet événement avait vivement ému tous ceux qui en étaient témoins; l'un d'eux même, le sieur *Guillot,* s'était presque évanoui. Un nommé *Delahaye,* portier rue aux Ours, avait été arrêté; il vit *Mialon* parmi les détenus, et déclara que c'était là l'homme qui avait tiré sur *Jonas.* On fit une nouvelle perquisition chez *Mialon,* et on y trouva un pantalon de velours olive. Les nombreux témoins habitants de la rue aux Ours, auxquels *Mialon* a été représenté revêtu de la veste et du pantalon de velours qu'il avoue avoir portés le dimanche 12 mai l'ont parfaitement reconnu. L'un d'eux, le sieur *Guillot,* déclara même reconnaître la voix, parce qu'il l'avait entendu dire : *Voyons voir si j'en descendrai un?* et avait pensé, à son accent, que c'était un Auvergnat. *Mialon* a en effet un accent auvergnat, ou à peu près. Un autre témoin a déclaré qu'il avait remarqué sur l'épaule droite de l'homme qui a tué *Jonas* une tache blanchâtre paraissant être une marque d'usure. Cette marque existe en effet sur la veste de *Mialon,* que le témoin a d'ailleurs parfaitement reconnu. Le témoin *Bernier,* qui a aussi très-bien reconnu *Mialon,* a été tellement indigné de l'impassible sang-froid de cet homme dans l'exécution de son crime, qu'il a éprouvé la plus vive émotion en le voyant, lorsqu'il lui a été représenté. Ce témoin a déclaré qu'il avait entendu *Mialon* dire, après avoir tiré : *Ne vous inquiétez pas; je lui ai envoyé un garde national! il est dans le sommeil.* Tous les témoins sont d'accord sur ce fait, qu'il n'a été tiré qu'un seul coup de fusil dans la rue aux Ours au moment où *Jonas* a été assassiné.

Mialon s'est renfermé dans un système complet de dénégation. Il dit, dans un premier interrogatoire, qu'il est resté pendant toute la journée du dimanche, 12 mai, devant la maison qu'il habite quai Napoléon, n° 29 ; entrant et sortant, mais sans s'éloigner, si ce n'est que pour aller jusqu'à la rue des Arcis, pas tout à fait jusqu'au marché Saint-Jacques-la-Boucherie. Il dit ensuite que, vers six ou sept heures, il est allé au quai aux Fleurs ; qu'il s'est avancé jusque vers le milieu, qu'il a ramassé une cartouche et une balle. Il se prépare en même temps un moyen d'expliquer les contradictions dans lesquelles il sent qu'il tombera, et il dit qu'il n'a pas du tout de mémoire.

Dans son second interrogatoire, il prétend d'abord qu'il est sorti de cinq à sept heures ; qu'il est allé jusqu'au marché Saint-Jacques, et est revenu de suite. Dans le même interrogatoire, il dit qu'il est allé jusqu'au milieu du quai aux Fleurs, où il a ramassé la cartouche et la balle saisies. La portière de la maison où demeure *Mialon* déclare formellement que cet homme est sorti au moment où on venait de tirer des coups de fusil du côté de la rue Planche-Mibray, et de renverser un omnibus sur le pont Notre-Dame, et pendant qu'on tirait des coups de fusil sur le quai aux Fleurs ; elle ajoute qu'il resta deux heures et demie absent. Il est en outre constaté que *Mialon* sortit malgré les observations de la portière et les instances de sa femme et de ses enfants : il avait donc un autre intérêt que la curiosité pour sortir. Les circonstances des coups de fusil tirés sur le quai aux Fleurs fixe le moment de la sortie de *Mialon* vers quatre heures moins un quart. Il a donc pu, en suivant les rassemblements, se rendre au marché Saint-Jean, prendre part, comme le dit *Bussy*, à l'attaque de ce poste à quatre heures un quart, et arriver ensuite rue aux Ours avant le moment où le maréchal des logis *Jonas* arriva rue Saint-Denis. Les témoins, qui n'ont pas varié sur le fait du coup de fusil tiré sur *Jonas*, et sur la reconnaissance de *Mialon*, ont varié sur l'heure à laquelle cet événement aurait eu lieu ; mais cette variation s'explique par l'émotion causée par les troubles qui avaient effrayé ce quartier. Il existe un moyen sûr de vérification. Dans chaque caserne le chef du poste de police inscrit l'heure de la sortie de chaque détachement, et il résulte du relevé qui a été fait à la caserne de la rue de Tournon, que le 12 mai le maréchal des logis *Jonas* est sorti à cinq heures vingt minutes de l'après-midi. On peut donc supposer que le meurtre a eu lieu vers cinq heures et demie ou cinq heures trois quarts. En effet, un témoin, le sieur *Millier*, déclare que ce fait a eu lieu entre le passage du premier détachement de garde municipal à pied et la prise de la barricade de la rue Grenétat : or, cette barricade a été prise vers six heures, après un feu qui a duré trois quarts d'heure. Un autre témoin, la femme *Brocard*, déclare que, lorsque le coup qui a frappé *Jonas* fut tiré, on entendait tirer du côté de la rue Grenétat : ainsi *Mialon*, absent depuis quatre heures moins un quart ou quatre heures, jusqu'à six heures et demie, n'était chez lui ni au moment de la prise du poste du marché Saint-Jean, ni au moment où *Jonas* fut tué.

Quant à la présence de *Mialon* à l'attaque du marché Saint-Jean, la déclaration de *Bussy* est appuyée par celle du nommé *Henriet*, qui faisait partie de la garde du poste du marché Saint-Jean, comme caporal. *Henriet* avait d'abord, dans une première confrontation, déclaré ne pas reconnaître *Mialon*, mais alors celui-ci était vêtu d'un habit veste bleu et d'un pantalon bleu. Dans la seconde confrontation, *Mialon* était vêtu de la veste et du pantalon de velours vert olive qu'il portait le dimanche 12 mai : sous ce costume *Henriet* l'a reconnu et a dit qu'il était porteur d'un fusil dans le groupe qui a attaqué le poste du marché Saint-Jean. *Bussy* ajoute même qu'il l'a vu faire feu. On a vu que tous les témoins de la rue aux Ours ont parfaitement et sans hésitation reconnu *Mialon* comme étant l'assassin de *Jonas*.

Il est à remarquer que *Mialon*, qui était depuis cinq mois sans ouvrage, a néanmoins pu, au moment de son arrestation, emporter une somme de vingt-cinq francs; il prétend que cette somme provenait de ses économies antérieures.

Mialon est reclusionnaire libéré; il a subi à Bicêtre une condamnation à cinq ans de réclusion, avec exposition, prononcée par la cour d'assises de la Seine, pour crime de vol.

Le maréchal des logis *Jonas* avait 66 ans, il comptait plus de 20 ans de service avant 1815; récompensé par un sabre d'honneur à Zurich, il avait reçu plus tard la décoration de la Légion d'honneur.

AUSTEN (Fritz-Auguste), *bottier, âgé de 23 ans, né à Dantzick, demeurant à Paris, rue de la Haumerie, n° 6.*

LEMIÈRE (Jean-Louis), dit ALBERT, dit JOSEPH, *tabletier, âgé de 23 ans, né à Sèvres (Seine), demeurant à Paris, rue Guérin-Boisseau, n° 8.*

Nous avons exposé plus haut comment dans l'après-midi du 12 mai, environ cent cinquante à deux cents insurgés, réunis rue Bourg-l'Abbé, envahirent les magasins d'armes des sieurs Lepage, et ensuite se retirèrent en descendant vers la Préfecture de police et l'Hôtel-de-Ville, qu'ils attaquèrent. Vers cinq heures, presque tous revinrent par groupes dans les rues qui avoisinent la mairie du 6ᵉ arrondissement, entre les rues Saint-Martin et Saint-Denis. Un de ces groupes passant par la rue Royale-Saint-Martin y faisait une barricade, lorsque les tambours de la 6ᵉ légion, sortis pour battre le rappel sous l'escorte d'un détachement peu nombreux de gardes municipaux et de gardes nationaux commandés par le capitaine Godquin, de la 6ᵉ légion, s'en approchèrent. Ce groupe était nombreux. Le capitaine Godquin, malgré son infériorité numérique, ne jugea pas qu'il dût reculer; il fit battre la charge et s'avança sans hésiter. Les insurgés abandonnèrent alors la barricade, et se retirèrent dans la rue Grenétat. Pendant ce temps, quelques gardes municipaux restés sous les ordres du lieutenant Leblond, et quelques gardes nationaux du poste de la mairie, ne se sentant pas en force à l'approche des premières bandes d'insurgés, et ne voulant pas compromettre la mairie, se retirèrent dans la cour. Sur ces entrefaites le lieutenant Tisserand, parti de la caserne du Faubourg-du-Temple, à cinq heures dix minutes, survint avec une quarantaine d'hommes. A son arrivée, qui coïncidait presque avec celle de l'escorte des tambours, les insurgés s'étaient retirés et barricadés dans la rue Grenétat. Leur barricade se composait de bancs, planches, tables et tonneaux pris chez les marchands de vin voisins. Un feu très-vif s'engagea entre les insurgés qui défendaient cette barricade et la garde municipale commandée par le lieutenant Tisserand, soutenue par l'escorte des tambours de la 6ᵉ légion.

Après une demi-heure ou trois quarts d'heure de fusillade, la barricade fut abordée à la baïonnette par les gardes municipaux et les gardes nationaux, parmi lesquels étaient les sieurs *Gard* et *Buisson*, capitaines, *Cauche,* lieutenant, *Hugo,* caporal, *Pelletier,* grenadier, et *Vallois,* chasseur, tous de la 6ᵉ légion; le lieutenant *Tisserand,* deux fois mis en joue ou tiré à bout portant, eut le bonheur de n'être que légèrement blessé; il perça de son épée ses deux assaillants et les renversa : l'un deux est mort, l'autre est aujourd'hui guéri, c'est le nommé *Austen.*

AUSTEN.

Sa chevelure blonde et longue, sa taille élancée, son accent étranger, l'avaient fait, à ce qu'il paraît, désigner sous le nom du *Polonais.* Il fut ramassé derrière et près la barricade, par le grenadier *Pelletier,* de la 6ᵉ légion, et le brigadier *Deldine,* de la garde municipale; il était blessé d'un coup d'épée et de plusieurs coups de baïonnettes. Il avait encore dans sa redingote-blouse une certaine quantité de cartouches. L'inculpé *Lemière* a déclaré l'avoir vu tomber dans la rue Grenétat, et a dit, en parlant de lui : « Il s'était battu avec un tel acharnement, qu'on « en parlait beaucoup dans le moment du combat et après le combat. » *Lemière* désignait d'abord *Austen* sous le nom du *Polonais,* mais depuis qu'ils sont tous deux transférés à la Conciergerie, *Lemière* a su son nom et a dit que c'était *Austen* qu'il avait désigné par les mots *le Polonais.* D'ailleurs le sieur *Tisserand,* auquel *Austen* a été représenté, a déclaré que c'était lui qui l'avait le premier couché en joue. *Austen* a prétendu que les insurgés l'avaient forcé par des coups à rester avec eux et à prendre des cartouches pour les distribuer, et qu'il n'avait entendu aucun nom, parce qu'il avait trop peur; mais la position qu'il occupait derrière une barricade vigoureusement défendue, les coups d'épée et de baïonnettes qu'il a reçus prouveraient seuls, et sans la déposition du sieur *Tisserand* et la déclaration de *Lemière,* qu'*Austen* prenait une part très-active au combat et était au premier rang, où il ne se fût pas trouvé s'il n'eût été là, comme il le prétend, que comme contraint et même seulement pour répartir des cartouches.

LEMIÈRE.

L'inculpé *Jean-Louis Lemière* est un de ceux qui sont descendus sur la voie publique au premier coup de fusil. En effet, on a vu par ce qui précède que c'est vers trois heures et demie que les armes des sieurs *Lepage* furent pillées, et qu'après ce pillage quelques coups de

feu perdus furent tirés par les insurgés, qui ne revinrent rue Grenétat
que vers cinq heures, et que ce ne fut qu'entre cinq heures et demie
et six heures que la barricade de la rue Grenétat, à l'entrée de la rue
Saint-Martin, fut attaquée et enlevée. *Lemière,* d'après son propre
aveu, et la déclaration de la femme *Loubry,* sortit vers trois heures et
demie, lorsque l'on entendit des coups de fusil, qui étaient évidemment
ceux tirés par les insurgés après le pillage des armes, et non ceux tirés
à la barricade Grenétat. La femme *Loubry,* gérante du garni, effrayée,
avait fermé la porte de la maison, et, lorsque *Lemière* se présenta pour
sortir, elle l'engagea à n'en rien faire ; mais il ne tint aucun compte de cet
avis, et sortit en disant qu'il n'y avait pas de danger. Environ dix minutes
après il revint frapper à la porte. Il tenait quelque chose à la main ;
il dit à la femme *Loubry,* qui entrouvrit la porte : *Dites à mon cama-*
rade Boisset de descendre ; s'il ne veut pas descendre, on ira le
chercher. Boisset refusa de descendre ; la femme *Loubry* ferma la
porte, et *Lemière* ne revint plus que vers huit heures et demie ou
neuf heures du soir. En rentrant, il rapporta un sabre-briquet et des
balles, que *Boisset* a vus le soir même dans sa chambre. Le lendemain,
13, *Lemière* dit au nommé *Tiby* qu'il avait été aux barricades, qu'il
avait reçu des balles mortes au ventre et dans les jambes, qu'il s'était
battu, qu'il avait été chez le coiffeur de la rue Bourg-l'Abbé (le sieur
Bienassé), qu'il avait forcé de lui donner son fusil, et lui montra en
même temps un sabre-briquet, qu'il dit avoir pris à un garde national.
Le mardi, il dit à *Boisset* que les Parisiens étaient des lâches, et
voulut casser son sabre. *Tiby* parla de ces propos, qui arrivèrent à
la connaissance de l'autorité : il fut arrêté ainsi que *Lemière. Tiby*
justifia de l'emploi de son temps dans la journée du 12 mai : il fut
mis en liberté ; mais en même temps il déclara dans son interrogatoire tout ce que lui avait dit *Lemière.* Ce dernier avoua qu'il avait
un fusil à la main, qu'il s'était trouvé parmi les insurgés ; mais il
prétendit qu'il n'y avait été que comme contraint et n'avait pas tiré.
Il déclara d'abord qu'à trois heures et demie il avait entendu des
coups de fusil, qu'il était descendu pour voir ce que c'était, qu'on
avait fermé la porte sur lui, et qu'alors des insurgés lui avaient donné
un fusil, qu'il l'avait pris et s'était sauvé avec eux, parce qu'on avait
tiré sur eux. Plus tard, le 27 mai, il prétendit qu'il était à la porte
avec sa maîtresse, la fille *Guilleminot,* lorsque le commissaire de police fit fermer les portes ; que sa maîtresse était rentrée, mais que lui

n'en avait pas eu le temps. Ces explications, sur les causes de sa sortie et la manière dont elle a eu lieu, ne s'accordent ni avec la déclaration de la fille *Guilleminot*, de laquelle il résulte que *Lemière* était dans sa chambre lorsqu'ils apprirent qu'il y avait du bruit, et qu'alors il sortit sans dire ce qu'il allait faire, et ne revint que le soir ; ni avec celle de la femme *Loubry* : Cette dernière affirme que *Lemière* voulut sortir malgré les observations qu'elle lui fit, et que, loin de chercher à rentrer, il revint quelques instants après pour entraîner *Boisset* avec lui ; enfin il est prouvé par la procédure que ce n'est que vers cinq heures ou cinq heures un quart, après le retour des insurgés dans ce quartier, que le feu a commencé près de la mairie du 6ᵉ arrondissement, en face de laquelle est située la rue Guérin-Boisseau. Le commissaire de police, d'ailleurs, n'est arrivé que postérieurement à la sortie de *Lemière*, car il est venu avec le détachement de la garde municipale, sorti seulement à quatre heures de la caserne de la rue du Faubourg-du-Temple.

Lemière sorti de la maison nº 8 de la rue Guérin-Boisseau, voisine de la rue Grenétat, s'est rendu dans cette dernière par le passage de la Trinité, communiquant de l'une à l'autre. Dans ce passage, plusieurs gardes nationaux menacés ont donné leurs armes, mais déclarent ne pouvoir reconnaître aucun de ceux qui les leur ont demandées. *Lemière* était-il de ce nombre ? C'est ce qui n'a pu être constaté. Quoi qu'il en soit, il a dû arriver rue Bourg-l'Abbé lorsque déjà les insurgés avaient quitté cette rue ou la quittaient après le pillage des armes, et lorsque quelques-uns cherchaient encore à se faire délivrer des armes par les personnes qu'ils présumaient appartenir à la garde nationale, et n'avaient par conséquent pas d'armes à donner à ceux qui n'auraient pas été de bonne volonté. *Lemière* avait dit à *Tiby* qu'il avait désarmé le sieur Bienassé, coiffeur rue Bourg-l'Abbé. Le sieur Bienassé et d'autres témoins ont été entendus sur ce fait, et de leurs déclarations il résulte qu'un individu porteur d'un fusil de munition, garni de sa baïonnette, est en effet venu après le pillage des magasins des sieurs Lepage demander au sieur Bienassé ses armes en croisant la baïonnette sur lui. Bienassé, auquel *Lemière* a été représenté, dit qu'il croit bien que c'est lui qui lui a demandé ses armes, mais ajoute qu'il ne pourrait pas l'assurer. La même déclaration est faite par le sieur Loubert, l'un des témoins de la menace faite à Bienassé. Le sieur David, marchand d'outils, rue Neuve-Bourg-l'Abbé, lorsqu'on lui a représenté *Lemière* a dit : *Je ne pourrais pas vous dire si c'est ou non cet individu qui a menacé M. Bienassé en lui demandant ses armes, mais j'ai vu l'individu que vous me représentez aller et venir dans la rue Bourg-l'Abbé; il était armé d'un fusil de munition et excitait les autres.* On verra que la dernière partie de cette déclaration est d'accord avec celle d'un sieur Simon, épicier rue Sainte-Avoye, dont on a voulu enfoncer la boutique pour avoir de la poudre. *Lemière* quitta la rue Bourg-l'Abbé avec des groupes d'insurgés; il a, dit-il, parcouru bien des rues avec eux; mais il ne veut pas dire quelles sont ces rues : il prétend ne les pas connaître par leurs noms. Toutefois, vers cinq heures, il se trouvait rue Sainte-Avoye, dans un groupe d'insurgés armés qui assaillit d'abord la boutique du sieur Simon, marchand épicier, et qui cherchait à l'enfoncer, en demandant de la poudre, lorsque le sieur Simon sortit, parla aux insurgés et leur dit qu'il n'avait ni poudre ni armes. *Lemière* lui a été représenté, il l'a reconnu, et a dit qu'il faisait partie de ce rassemblement; qu'il paraissait un des exaltés, demandait de la poudre comme les autres, et disait qu'il avait acheté des pétards chez lui. Le sieur Simon proposa aux insurgés de déléguer deux d'entre eux pour visiter sa boutique, et s'assurer qu'il n'y avait ni armes ni poudre; tous s'écrièrent *oui*, et alors *Lemière* se présenta avec un autre. Tous deux entrèrent chez le sieur Simon, et lorsqu'ils furent à l'entrée de sa boutique, *Lemière* dit : *C'est bien, en voilà assez,* et ils se retirèrent. Ce rassemblement alla ensuite assaillir les boutiques des sieurs Coqueret et Labouly, quincailliers, même rue.

Le témoin *Charles,* qui a vu enfoncer la boutique du sieur *Labouly,* déclare que ce rassemblement se dirigea ensuite vers Saint-Nicolas et la mairie du 6ᵉ arrondissement, et que peu après il entendit une fusillade qui dura environ trois quarts d'heure. Cette fusillade est évidemment celle de l'attaque de la barricade Grenétat; sur aucun autre point le feu n'a eu autant de durée. Ainsi, c'est après le pillage des magasins de la rue Saint-Avoye par le rassemblement dans lequel se trouvait *Lemière,* qu'a eu lieu l'attaque de la barricade Grenétat, pendant laquelle, comme on l'a déjà dit, *Lemière,* d'après son aveu, a vu tomber *Austen.* Il était donc sorti bien avant cette attaque; il n'avait donc pu, comme il le prétend, être empêché par la fusillade de rentrer chez lui ni être contraint, à sa porte, à suivre les insurgés. Il les a donc suivis volontairement, et quoique l'instruction n'ait pas pu constater sa présence aux attaques du Châtelet, de

l'Hôtel-de-Ville, du marché Saint-Jean et de la mairie du 7ᵉ arrondissement, il est bien probable qu'il y était. Il a été saisi sur *Lemière*
un morceau d'étoffe de coton rouge. Cette saisie l'a amené à donner
des explications sur un fait qui ne paraîtra pas sans importance. Les
insurgés, pendant qu'ils étaient encore maîtres des rues Bourg-l'Abbé,
aux Ours, Quincampoix, Saint-Magloire, et d'une partie de la rue
Saint-Denis, assaillirent les magasins du sieur *Julliard,* marchand de
nouveautés, rue Saint-Denis, en demandant des drapeaux. Le sieur
Julliard, pour sauver ses magasins, fit jeter par une fenêtre du
deuxième quelques coupons d'étoffe de coton rouge aux insurgés.
Lemière était parmi eux ; il en prit un : c'est celui qui a été trouvé en
sa possession. Aussitôt, d'après la déclaration même de *Lemière,*
un de ces coupons fut transformé en drapeau, et arboré sur la barricade formée rue Saint-Denis, au coin de la rue Saint-Magloire.

Cependant la barricade de la rue Grenétat avait été prise, le désordre s'était jeté parmi les insurgés ; *Lemière* aurait pu, s'il eût été là
comme contraint, s'esquiver et rentrer chez lui ; loin de là, il se retire
rue Saint-Magloire près des deux dernières barricades que les insurgés
défendirent avec quelque vigueur pendant environ deux heures. Enfin
quelques gardes municipaux conduits par le caporal *Hugo* de la 6ᵉ légion s'emparèrent du passage Beaufort, et se rapprochèrent ainsi de
celle de ces barricades placées à la jonction des rues Saint-Magloire
et Salle-au-Comte, et coupèrent aux insurgés qui la défendaient la
communication avec la rue Saint-Martin, et les menacèrent d'une
diversion, en cas d'attaque du côté de la rue Saint-Denis. Cependant
la barricade de la rue Saint-Denis avait été attaquée une première fois
sans succès par un détachement trop peu nombreux du 7ᵉ de ligne
et de la 4ᵉ légion ; le sous-lieutenant *Jonquoy,* du 7ᵉ avait été tué à
cette attaque. Mais quelque temps après un détachement du 53ᵉ de
ligne, précédé d'un peloton de grenadiers du 3ᵉ bataillon de la 3ᵉ légion,
commandé par son capitaine, le sieur *Devillers,* s'approcha de cette
barricade, après en avoir enlevé et détruit plusieurs moins fortes. Le
colonel *Ballon* venait d'être blessé au pied devant cette barricade,
d'où l'on faisait un feu assez vif, et avait été obligé de se retirer (il
n'est point encore guéri de sa blessure). Le capitaine *Devillers,* qui
avait pris le commandement de l'attaque, fut aussi blessé à la tête et
à la jambe ; néanmoins il fit battre la charge, et se porta en avant.
Le sapeur *Dussenti,* du 53ᵉ de ligne, s'élança sur la barricade, et arra-

cha le drapeau rouge qui flottait dessus. En même temps, le détachement commandé par le sieur *Devillers* enlevait la barricade. Dans le même moment, le caporal *Hugo*, entendant la fusillade, sortait du passage Beaufort, et venait avec les gardes municipaux attaquer la barricade de la rue Saint-Magloire par la rue Salle-au-Comte. D'un autre côté, au moment où le capitaine *Devillers*, avec son détachement, enlevait la barricade de la rue Saint-Denis, un autre détachement de troupe de ligne, venant du boulevart, arrivait près de cette barricade. Toute issue allait être fermée. Ce ne fut qu'en ce moment que *Lemierre* quitta la rue Saint-Magloire, et se retira par la rue de la Grande-Truanderie, et revint chez lui après plusieurs détours. Plusieurs insurgés, qui n'avaient pu effectuer leur retraite du même côté, furent arrêtés dans le grenier d'une maison du cul-de-sac Saint-Magloire et dans le cul-de-sac Beaufort.

Lemière prétend qu'il n'a fait partie d'aucune association : cependant il avoue qu'on lui a proposé d'entrer dans des sociétés ; mais il dit avoir refusé. Il soutient qu'aucune proposition ne lui a été faite de prendre part à un mouvement insurrectionnel, tout en avouant cependant qu'on l'a excité à prendre les armes ; que des ouvriers lui disaient qu'ils n'avaient pas d'ouvrage ; que les choses ne pouvaient continuer ainsi ; qu'il faudrait en finir.

PHILIPPET (Lucien-Firmin), *cordier, âgé de 40 ans, né au Petit-Crève-Cœur (Oise), demeurant aux Batignolles, rue Saint-Louis, n° 30.*

WALCH (Joseph), *menuisier, âgé de 27 ans, né à Sultz (Haut-Rhin), demeurant à Paris, rue Saint-Ambroise, n° 8.*

LE BARZIC (Jean-Baptiste), *chauffeur dans la filature de M. Lafleur, âgé de 23 ans, né à Saint-Mandé (Seine), demeurant à Paris, rue Lenoir, n° 9.*

DUGAS (Florent), *menuisier-mécanicien, âgé de 34 ans, né à Châteaudun (Eure-et-Loir), demeurant à Paris, rue Basfroy, n° 12.*

Les sieurs *Lafleur* et *Pihet*, le premier filateur, le second mécanicien, dirigent deux établissements qui se touchent, rue des Aman-

17.

diers, n° 19, et avenue Parmentier, n° 3. Celui du sieur *Lafleur* emploie huit hommes et un certain nombre de femmes; celui du sieur *Pihet* compte au moins quatre cents ouvriers, et on y fabrique, entre autres choses, des fusils de guerre.

La filature du sieur *Lafleur* n'a qu'un seul contre-maître, et cette place est occupée depuis trois ans par le nommé *Lucien-Firmin Philippet*, qui, se nourrissant chaque jour de lectures politiques et d'idées républicaines, paraîtrait avoir exercé une funeste influence sur deux ouvriers de l'établissement, *Jean-Baptiste Le Barzic*, le chauffeur, et *Joseph Walch*, le débourreur; influence qu'il aurait cherché à étendre jusqu'à une des ouvrières soigneuses, *Rosalie-Flore Delille*.

D'un autre côté, *Philippet* allait assez fréquemment dans la fabrique du sieur *Pihet*, et il paraît qu'il était lié avec le nommé *Florent Dugas*, l'un des ouvriers menuisiers, qui affichait, dans son atelier, des opinions républicaines; pourquoi le sieur *Pihet* avait résolu de le congédier, même avant les événements des 12 et 13 mai dernier.

Les ouvriers des deux établissements prennent leurs repas chez les marchands de vin voisins, et il paraît que *Philippet* y tenait des propos contre le Roi et en faveur de la république.

Le Barzic, le chauffeur du sieur *Lafleur*, fut arrêté une première fois le lundi 13 mai, mais alors l'autorité n'était pas suffisamment renseignée, et, comme son maître rendait bon témoignage de son assiduité au travail, il fut immédiatement remis en liberté.

Cependant une déclaration du 20 mai, faite par le sieur *Romazotti*, maréchal des logis de la garde municipale à cheval, fit connaître que le nommé *Walch* était venu lui avouer que, le dimanche 12 mai, il avait tiré trois coups de fusil, place de Grève, sur la troupe; après quoi, il avait jeté son fusil et s'était sauvé avec le reste des cartouches dont on lui avait donné plein son bonnet; qu'antérieurement son contre-maître lui avait proposé 40 sous par jour, s'il voulait se faire inscrire parmi les factieux, et qu'il avait refusé. Le sieur *Romazotti* déposa en même temps cinq cartouches de pistolet et une de fusil de munition, qui lui avaient été remises par la sœur de *Walch*, sur la commode de laquelle il les avait laissées le lundi matin.

Des perquisitions furent faites chez *Walch* et chez *Philippet*, son contre-maître; on n'y trouva rien de saisissable, si ce n'est, chez *Phi-*

lippet, le numéro du *Journal du Peuple,* du dimanche 12 mai : ils furent arrêtés.

En même temps *Walch* répéta au commissaire de police, avec plus de détails, les révélations qu'il avait faites au sieur *Romazotti.*

Dans ses interrogatoires devant le juge d'instruction, il les compléta, et finit même par y comprendre *Le Barzic,* ainsi qu'un ouvrier du sieur *Pihet* qu'il signale comme étant âgé de 17 à 18 ans, petit, ayant de très-gros yeux, et vêtu d'une blouse-redingote de couleur blanche avec ceinture. Cet individu n'a pu être découvert, on le recherche encore; mais *Le Barzic* fut mis sous la main de la justice. On saisit en même temps l'habillement dont il était vêtu le dimanche 12 mai, et le commissaire de police constata, par une expérience faite devant lui, que la poussière contenue dans les poches de la redingote était mêlée de poudre à tirer. Le commissaire de police remarqua en outre que *Le Barzic* n'avait plus de moustaches et une longue barbe qu'il portait le jour de sa première arrestation.

On sut aussi que *Dugas* n'avait pas paru le lundi à son atelier; qu'il n'y était revenu que le mardi après le déjeuner, et que quelques jours après il avait fait disparaître une barbe de bouc qu'il avait portée jusque-là. Il fut arrêté dans la fabrique le samedi 1er juin, le jour même où il devait recevoir son compte, d'après le congé qui lui avait été signifié huit jours auparavant. On fit perquisition à son domicile, et on y saisit quatre exemplaires du *Journal du Peuple,* quatre du journal *l'Intelligence,* parmi un plus grand nombre, une brochure ayant pour titre *Philosophie populaire,* et un canon de pistolet.

Enfin un autre ouvrier du sieur *Pihet,* nommé *Meunier,* de l'atelier des tourneurs, et qui n'avait pas reparu depuis le samedi 11 mai, se trouvait à l'hôpital par suite d'une balle qu'il avait reçue au genou. Des mesures furent prescrites à son égard; mais on ne put les exécuter, parce qu'il venait de mourir.

Voici le résultat de l'instruction combinée avec les révélations de *Walch* et quelques demi-aveux de *Le Barzic.*

A une époque qui remonte à la dernière dissolution des Chambres, *Philippet* commença à parler politique dans la filature, et dit, à cette occasion, qu'on allait se battre, que tout le monde voulait la république, qu'il allait y avoir une révolution. Un autre jour, il vint auprès de la fille *Delille,* lui répéta l'annonce d'une révolution, ajou-

tant qu'ils étaient un grand nombre de républicains et qu'ils espéraient
remporter la victoire. La fille *Delille* lui demanda où cette révolution
aurait lieu, et il répondit : Dans Paris; et la fille *Delille* ayant ré-
pliqué que, si elle était garçon et qu'il y eût une guerre dans le pays
étranger, elle irait volontiers se battre, *Philippet* parut content et lui
dit : Je vois que vous êtes bien assez courageuse pour venir avec
nous. Un autre jour, qui était un dimanche, un mois environ avant
les troubles, dans la matinée, *Philippet* vint trouver la fille *Delille*,
la conduisit à la pompe, où reste seul le chauffeur *Le Barzic*, et là,
en présence de celui-ci, il lui fit voir une petite plaque en fer qu'il
tira d'une petite armoire fermant à clef, ladite plaque présentant le
modèle d'un drapeau tricolore, avec un bâton régnant le long des
trois couleurs, et surmonté d'un bonnet rouge; et alors *Philippet* prenant la main à la fille *Delille*, lui dit : Regardez, *Rosalie*, vous serez
bien coiffée avec un bonnet rouge. *Philippet* lui recommanda de n'en
parler à personne, et elle retourna à son métier. Depuis il revint plusieurs fois auprès d'elle causer des mêmes choses, et un jour il lui
dit qu'on lui donnerait une boîte contenant des bandes et de la char-
pie; qu'elle suivrait les républicains au combat, et qu'elle panserait
les blessés; que, s'ils étaient vainqueurs, une fois la révolution finie,
ils lui donneraient, en récompense un bonnet rouge et une croix.
Enfin, le mardi 7 mai, *Philippet* vint chercher la fille *Delille* à son
travail, et la conduisit au grenier au duvet, où *Le Barzic* l'avait précédé. Celui-ci tenait un paquet recouvert de papier bleu, il le déroula,
et, *Philippet* l'aidant, ils firent voir à cette fille un drapeau d'une aune
et demie carrée, ayant les trois couleurs plus une bande noire qui, à
elle seule, formait un tiers du drapeau. Alors *Philippet*, prenant la
parole, dit : Voilà ce qui nous servira pour lundi. *Le Barzic*, qui
prétend n'avoir pas entendu ces paroles dont la réalisation devait
être si exacte et si prompte, et qui affecte de manquer de mémoire
touchant les circonstances les plus importantes, croit avoir entendu
Philippet dire, en montrant le drapeau : Voilà ce qui a fait ou ce qui
fera le tour du monde. Du reste *Le Barzic* convient que *Philippet*
venait souvent à la pompe, et, après avoir dit qu'il ne lui parlait pas
politique, la vérité l'entraîne, et il déclare qu'il lui parla de la dissolution des Chambres, disant que cela allait donner un coup de bas au
commerce, et ne ferait pas de bien aux travaux; dans la suite, il lui
parla des élections, et *Le Barzic* lui ayant demandé ce que c'était,

il lui aurait répondu que c'étaient des bourgeois patentés qui votaient pour des personnes. Un autre jour, *Philippet* lui dit que les Chambres sont reculées, puis qu'elles sont assemblées, ajoutant qu'il y a eu du train, et que les omnibus ont été obligés de se détourner de leurs directions. Quelques jours auparavant, il lui avait lu dans le *Courrier français* des discours prononcés à Rouen par des députés, et lui avait dit : Écoutez, comme cela est beau! D'autres fois, *Philippet* lui disait que les Chambres n'avançaient pas, que le commerce n'allait pas, que, si cela continuait, les ouvriers crèveraient de faim, et qu'il pourrait y avoir une révolution. Un jour il lui dit que le journal notait au moins quinze faillites dans les fabriques.

Il paraît que les jours, qui précédèrent les événements, *Philippet* fut fort préoccupé. Le dimanche 12, à peine les troubles avaient-ils éclaté, qu'on le voit avec *Le Barzic* dans l'établissement du sieur *Lafleur*, fort éloigné de son domicile (il demeure aux Batignoles). Il prétend qu'il était sorti de chez lui pour aller à l'exposition de l'industrie; que de là il était allé se promener au Père-Lachaise, et que, se trouvant dans le voisinage de sa filature, il était allé y prendre son couteau qu'il avait oublié. Il ajoute qu'en revenant par la rue Popincourt, il y a appris les troubles, qu'il y a laissé son parapluie chez une personne de sa connaissance, dans la crainte qu'on ne le lui prît, et qu'il est allé sur les boulevarts voir ce qui se passait; qu'en arrivant au boulevart du Temple il y a vu beaucoup de monde ainsi que près des portes Saint-Martin et Saint-Denis; qu'il n'y a vu aucun désordre et n'a pas entendu un seul coup de fusil; qu'il a poussé jusqu'au passage de l'Opéra, et qu'il a passé sa soirée au théâtre des Jeunes-Élèves, d'où il est sorti à onze heures pour retourner chez lui.

L'instruction dément formellement ces allégations de *Philippet*, d'autant plus probante en cette partie, que ceux qui l'accusent le font en s'accusant eux-mêmes.

Ainsi *Walch* déclare que le dimanche, en se promenant, il a rencontré vers deux heures, deux heures et demie, sur le boulevart dans le haut de la rue Ménilmontant, *Philippet* avec cinq ou six autres individus, dont deux en blouses, les autres en redingotes, au nombre desquels était *Le Barzic* vêtu d'une redingote verte et coiffé d'un chapeau rond noir. *Philippet* lui a dit : Viens avec nous, *Le Barzic* l'a pour ainsi dire contraint; ils l'ont mis au milieu des autres, et ils l'ont emmené. *Philippet* les a conduits dans le faubourg Saint-Antoine,

puis rue de Charenton, où ils sont entrés chez le marchand de vin,
Bina, et ont bu deux ou trois bouteilles de vin, assis à la table n° 2 de
la salle à boire; ensuite il sont entrés, vers sept heures du soir, dans
le passage de la Boule-Blanche, contigu au sieur *Bina,* et communiquant du faubourg Saint-Antoine à la rue de Charenton. Là serait venu
un jeune homme vêtu d'une redingote, portant un mouchoir de couleur
plein de cartouches qu'il leur aurait distribuées. *Walch* dit en avoir
eu une quinzaine pour sa part. Dans la rue de Charenton se sont
trouvés soixante à soixante-dix individus presque tous vêtus de blouses
et paraissant être des ouvriers. *Philippet* et un de ceux qui étaient
en redingotes sont entrés chez un autre marchand de vin de la même
rue, qui paraît être le sieur *Dufay,* et ont demandé s'il y avait des
armes, à quoi il a été répondu négativement. *Walch* croit que *Philippet*
et ceux qui avaient des redingotes étaient les chefs. Alors la bande,
conduite par *Philippet* est descendue sur les boulevarts, qu'elle a par-
courus jusqu'à la porte Saint-Martin, d'où elle est entrée dans la rue
de ce nom, puis dans des petites rues avoisinantes où ces insurgés en
ont trouvé d'autres qui leur ont donné des fusils; après quoi ils se sont
rendus sur la place de Grève, où ils ont fait feu sur la troupe. *Walch*
dit avoir tiré trois coups de fusil pour sa part, forcé par les autres, qui
l'ont menacé; puis avoir jeté son fusil et s'être enfui. Il croit que *Philippet*
avait un fusil comme les autres; quant à *Lebarzic,* il dit qu'il n'en
avait pas, mais qu'il portait le drapeau enveloppé dans un papier.
Walch a été conduit sur les lieux qu'il avait indiqués, et cette vérification s'est trouvée conforme; et les cartouches par lui déposées chez
sa sœur sont là pour attester de plus en plus le fait de la distribution.
Le lendemain lundi, *Philippet* est venu à la filature comme de coutume,
mais il était rêveur; il n'a presque pas paru dans les ateliers; on a
pensé qu'il était resté à la pompe près de *Le Barzic.*

Philippet avait nié avoir vu *Le Barzic* dans la journée du dimanche, et déjà le sieur *Lafleur* l'avait démenti sur ce point, en disant
les avoir vus ensemble de trois à quatre heures dans les ateliers.

Le Barzic en convient, et il dit que *Philippet* l'avait accompagné
chez un ingénieur du voisinage, et qu'ils s'étaient quittés. Mais il
avoue aussi que, vers cinq heures, cinq heures un quart, ils se sont
retrouvés au bout de la rue Lenoir, où demeure *Le Barzic;* que
Philippet l'a emmené; que, chemin faisant, il lui a remis un paquet
recouvert de papier bleu, et qu'un instant après il lui a dit que c'était

le drapeau; qu'en arrivant au faubourg Saint-Antoine, il a vu sept à huit individus près desquels s'est approché *Philippet :* parmi eux se trouvaient *Walch,* vêtu d'une blouse bleue, et *Dugas,* vêtu d'une redingote tirant sur le vert, et portant un collier de barbe s'allongeant un peu plus au menton. *Le Barzic* n'y a pas vu *Meunier.* L'un des autres individus était en habit; le reste portait des blouses. *Le Barzic* prétend qu'il se trouvait là malgré lui, et que, voyant un individu agiter le bras comme pour appeler, il avait eu l'air de prendre cela pour lui, qu'il avait remis le paquet à l'un des autres qui était vêtu d'un bourgeron bleu, et qu'il était parti pour ne plus revenir; il pouvait être sept heures, sept heures un quart, et il n'est plus ressorti. *Walch* soutient que, depuis sa rencontre avec *Philippet, Le Barzic* et autres, vers deux heures et demie; ils ne se sont plus quittés, et que *Le Barzic* ne s'est absenté qu'un quart d'heure environ avec un autre de la société. *Le Barzic* allègue, il est vrai, être rentré chez lui et y avoir dormi environ deux heures, après qu'il eut quitté *Philippet* la première fois; mais il ne prouve pas cet alibi. Il nie avoir assisté à la distribution des cartouches; mais *Walch* dit positivement qu'il y était, et qu'il en a eu sa part; et ce qui le prouve, c'est que le commissaire de police, en saisissant sa redingote, qui est bien de la couleur indiquée par *Walch,* a retiré des poches une poussière sale qui s'est trouvée mêlée de poudre, ainsi qu'il a été constaté à l'instant même, en présence de *Le Barzic,* par de petites explosions produites par le contact du feu. *Le Barzic,* dans son interrogatoire, a dit que ces grains de poudre se trouvaient sans doute dans du tabac que lui avait donné l'un des individus du faubourg Saint-Antoine, tabac qui était trop sale pour qu'il voulût le fumer et qu'il avait mis dans sa poche, ne voulant pas le jeter en présence de celui qui le lui avait donné. Il n'avait pas parlé de cela, sur le premier moment, au commissaire de police. L'opinion de *Walch* est que *Philippet* payait *Le Barzic* pour sa participation à ses projets. Il faut aussi noter cette circonstance, que *Le Barzic* a fait disparaître des moustaches et une longue barbe qu'il portait encore le lundi 13 mai, jour de sa première arrestation. D'après ce qui précède, on peut apprécier la portée d'une des réponses de *Le Barzic,* dans son interrogatoire, lorsqu'il dit : *Je ne suis ni républicain, ni royaliste.*

Dugas nie avoir pris part à l'attentat; cependant il était du nombre des sept ou huit individus qui accompagnaient *Philippet* le di-

18

manche 12; et ce n'est pas *Walch* qui le dit cette fois, c'est *Le Barzic* lui-même. Il dit qu'il avait une redingote tirant sur le vert, et tel était précisément le vêtement de *Dugas* ce jour-là, d'après son propre aveu; il le signale aussi par le collier et la longue barbe au menton qu'il portait, et *Dugas* convient de cet état de son visage à cette époque. Le lendemain lundi, *Dugas* ne retourne pas à son travail : il dit qu'il s'était rendu à la fabrique dans l'intention d'y travailler; mais que, s'étant arrêté à boire chez les marchands de vin du voisinage, il s'était trouvé échauffé par le vin, ce qui lui avait fait oublier l'atelier. On se demande si la présence de *Dugas* le lundi matin dans le voisinage de la fabrique ne se liait pas à celle d'inconnus qu'on y a vus rôder toute la matinée, et dont l'un a dit qu'il devait y avoir un rassemblement pour faire quitter le travail aux ouvriers et les emmener. Ce n'est que le mardi matin après le déjeuner que *Dugas* est revenu à son atelier. L'un des jours suivants il a fait disparaître une longue mouche formant barbe de bouc à son menton. Il paraît que *Dugas* était lié avec *Philippet* et *Le Barzic*. On a vu qu'il affichait des opinions républicaines dans son atelier, et il paraît qu'il avait cherché à embaucher ses camarades pour l'insurrection; aussi, lorsqu'il fut congédié par le sieur *Pihet*, il dit qu'il se doutait bien qu'on le renvoyait pour ses opinions. Il les aurait exprimées différentes fois avec une rare énergie : ainsi, il aurait dit que le travail allait encore bien; que s'il pouvait aller plus mal, ce serait favorable aux projets des républicains. Il lisait tous les jours un journal et parlait sans cesse politique dans l'atelier; sur quoi l'un des ouvriers lui dit un jour : *Tu m'embêtes avec ta politique;* et *Dugas* répondit : *Tu es un imbécile, tu ne sais pas où ces mots peuvent porter.* Il disait encore : « Au lieu de faire du bruit tous les jours et d'interrompre ainsi les travaux des ouvriers, il vaut mieux en finir tout d'un coup. » On a saisi chez lui plusieurs exemplaires du *Journal du Peuple* et du journal *l'Intelligence,* une brochure intitulée *Philosophie populaire,* et un canon de pistolet. Quand, pour corroborer tous ces indices, *Le Barzic* vient déclarer que, le dimanche 12, *Dugas* était avec *Philippet, Walch* et les autres, il paraît bien, malgré la méconnaissance de *Walch*, que *Dugas* a participé à tous les faits à raison desquels ses compagnons sont inculpés. Il résulte, enfin, de la déposition de plusieurs témoins entendus pendant la rédaction de ce rapport, que *Dugas* n'aurait pas passé chez lui la nuit du 12 au 13 mai dernier.

Le sieur *Lafleur* a dit que *Philippet* était probe et exact ; cependant, avant d'entrer chez lui, il avait servi dans la garde municipale, de janvier 1831 à février 1833, et il avait subi, dans ces deux années, quarante-quatre jours de consigne, salle de police, etc., pour insubordination, manquement de service et indélicatesse. Il a été rayé des contrôles, ce qui équivaut à une démission provoquée.

Le sieur *Lafleur* rend bon témoignage de *Le Barzic*, qui, suivant lui, serait très-laborieux et ne se serait pas dérangé une seule fois.

Quant à *Walch*, il paraît qu'il appartient à une honnête famille ; le sieur *Lasalle* dit que c'est le dernier qu'il aurait soupçonné de se mêler de politique.

On a vu que *Dugas* avait été congédié de l'atelier par le sieur *Pihet*.

LONGUET (Jules), *commis-voyageur, âgé de 23 ans, né à Saint-Quentin (Aisne), demeurant à Paris, rue Quincampoix, n° 11.*

MARTIN (Pierre-Noël), *cartonnier, âgé de 19 ans, né à Paris, y demeurant, rue de Bretagne, n° 2.*

MARESCAL (Eugène), *ouvrier en décors, âgé de 33 ans, né à Caen (Calvados), demeurant à Paris, rue de la Calandre, n° 22.*

PIERNÉ (Aimé), *chaussonnier, âgé de 18 ans, né à Saint-Avold (Moselle), demeurant à Paris, rue de Montreuil, n° 31.*

GRÉGOIRE (Louis-Nicolas), *fabricant de paillassons, âgé de 40 ans, né à Saint-Cloud (Seine-et-Oise), demeurant à Paris, rue des Lyonnais, n° 7.*

Toute la matinée du lundi 13 mai, le bruit courut dans le quartier du Temple qu'on devait recommencer l'émeute ce jour-là ; que les insurgés devaient piller le marché du Temple et même l'incendier.

Vers une heure et demie de relevée, le commissaire de police, M. *Cabuchet*, apprit que l'on construisait une barricade rue du Temple, où une citadine venait d'être renversée, en face le n° 85 ou 87, et il envoya prévenir de suite à la mairie du 6° arrondissement. Voulant essayer si son ministère pourrait rétablir l'ordre, il descen-

18.

dit dans la rue accompagné des employés attachés à son commissariat. Un seul des insurgés était encore armé d'un fusil, qu'ils venaient d'arracher à un grenadier de la 7ᵉ légion de la garde nationale passant rue Michel-le-Comte, auquel ils avaient aussi pris son sabre. Le commissaire de police saisit l'un des plus rapprochés de lui, et au même moment il fut enveloppé par les autres qui venaient de s'armer des perches du marché du Temple, dont ils lui assénèrent plusieurs coups. Son secrétaire, s'avançant à son secours, fut frappé lui-même, et un coup qu'il reçut par derrière, sur la tête, lui fit une large blessure d'où le sang jaillit à l'instant même. Le portier du commissaire l'avait aussi suivi, et, ayant vu l'homme au fusil s'avancer en croisant la baïonnette sur le secrétaire, il avait saisi le fusil et le lui avait arraché; mais, cédant au nombre, il avait été obligé de le lui rendre.

Cependant les insurgés se répandirent dans la rotonde du Temple, et ils se présentèrent, au nombre de trente ou quarante, devant la boutique du sieur *Perdereau*, marchand brocanteur, où entrèrent trois d'entre eux. Ils y trouvèrent des lames de sabre et d'espadon, ainsi que de vieux fleurets qu'ils se partagèrent, et qu'avaient négligés les insurgés de la veille; les fleurets furent démouchetés et aiguisés sur les pavés.

Bientôt l'approche de la force publique les fit s'enfermer dans le quartier du Marais.

Deux détachements de garde nationale et de troupe de ligne partirent de la mairie du 6ᵉ arrondissement, sous les ordres du colonel *Husson*, pour attaquer la barricade; le capitaine *Saint-Léger*, du 28ᵉ de ligne, déclare que, soldat par état, il voulait marcher le premier, mais que la garde nationale revendiqua ce périlleux honneur.

En arrivant au Temple, ils virent que la citadine avait été relevée et la barricade abandonnée; et le sieur *Perdereau* ayant dit que les insurgés quittaient à peine sa maison, les deux détachements se séparèrent derrière la rotonde du Temple, dans l'intention de les cerner et de les prendre, s'il était possible, sans coup férir : l'un, commandé par le capitaine *Farque*, de la garde nationale, accompagné de M. *de Saint-Léger*, prit la gauche; l'autre, commandé par le capitaine *Vail*, de la même légion, se dirigea vers la droite.

Pendant que se faisait cette double marche, les insurgés, parvenus à la rue de Poitou, désarmaient les marchands de cette rue. Celui d'entre eux qui avait un fusil les mettait en joue, et c'est ainsi que les sieurs *Quelquejeu*, pharmacien, *Denizot*, boulanger, et *Desgroux*, charcutier, furent obligés de donner leurs fusils de garde nationale.

Un premier coup de feu fut tiré, rue de Poitou, par l'un des insurgés. Dans ce moment approchait le premier détachement, et, les insurgés s'étant enfuis, l'un d'eux, armé d'un fusil, fut arrêté rue d'Orléans par un négociant, le sieur *Advenel*, qui le fit entrer sous sa porte cochère, au n° 5, et le livra au détachement, à son passage : c'était *Marescal*.

Quelques gardes nationaux, partis en avant comme éclaireurs, s'étant rapprochés d'une partie des insurgés, près la rue de l'Échaudé, il y eut quelques coups de fusil échangés entre eux. Ces gardes nationaux, dirigés par le lieutenant *Noirot,* se portaient avec rapidité de divers côtés, et servaient de moyen de communication entre les deux détachements.

Les insurgés, ainsi pressés de toutes parts, se concentrèrent et se rallièrent dans les rues Saint-Anastase, du Roi-Doré, Neuve-Saint-François, Saint-Gervais, des Coutures-Saint-Gervais et de Thorigny, avoisinant la rue Saint-Louis, à la hauteur de l'église.

D'un autre côté, une grande rumeur venait de se répandre aux environs de la Place-Royale : on disait qu'un nombre considérable d'insurgés arrivaient à l'attaque de la caserne des Minimes, occupée par la garde municipale. A cette nouvelle, le capitaine *Soufflot* avait fait prendre les armes à la garde municipale à pied ; il avait divisé sa troupe en deux pelotons, l'un commandé par lui, l'autre par son lieutenant, le sieur *Douillez;* comme la garde nationale et la troupe de ligne, ces pelotons de gardes municipaux avaient pris deux directions, et ils devaient se réunir dans la rue Saint-Louis. Ils y arrivèrent bientôt, en effet; mais à peine venaient-ils d'y déboucher, et d'y faire leur jonction, qu'ils reçurent le feu des insurgés, qui étaient postés dans les encoignures du côté de l'église. Les gardes municipaux, qui marchaient au pas de course, ripostèrent par quelques coups de fusil , et les insurgés se retirèrent au bout des rues ci-dessus indiquées. Ils rechargèrent leurs fusils, et en tirèrent quelques coups détachés.

A l'arrivée de la garde municipale, ils se dispersèrent : elle poursuivit ceux qui s'enfuirent à gauche par la rue de Thorigny.

Depuis quelque temps, M. *Lemaire,* professeur de rhétorique au collége Bourbon, revenant de ce collége à son domicile, suivait les mouvements des insurgés, et il observait plus particulièrement un individu vétu d'un habit noir, par qui il avait vu charger le fusil de l'un d'eux, et qui paraissait les diriger. Après le passage de la garde municipale, il le vit parler à deux individus en blouse; et, pensant qu'il voulait rallier la bande, il résolut de l'arrêter. A cet instant arrivait le détachement de garde nationale et de troupe de ligne qui s'était dirigé sur la gauche. M. *Lemaire* marcha à l'individu en habit noir, le saisit et le conduisit au peloton formé de garde nationale qui tenait déjà *Marescal*; c'était *Longuet*.

Alors des habitants de la rue Saint-Gervais dirent que des insurgés s'étaient réfugiés dans la maison n° 2, et qu'il y en restait encore un. On y monta, et on trouva dans le grenier un individu vêtu d'une blouse bleue, porteur d'un fusil qui était chargé et armé : c'était *Martin;* il fut conduit dans le peloton auprès de *Marescal;* et, en voyant celui-ci, il fit un mouvement qui prouvait qu'il le reconnaissait.

Là se termine la part de concours de ce détachement; il retourna à la mairie du 6ᵉ sans obstacle.

La garde municipale, qui poursuivait une partie des insurgés sur la gauche, par la rue de Thorigny, entra dans la rue de la Perle, à laquelle fait suite directement, et sauf changement de nom seulement, la rue des Quatre-Fils. De la rue de la Perle, les gardes municipaux tirèrent quelques coups de fusil.

Dans ce moment arrivait, par la Vieille-Rue-du-Temple, le détachement de droite de la 6ᵉ légion : il fit halte au bruit de ce feu. Il était précédé de quelques éclaireurs qui parurent à l'endroit où finit la rue de la Perle et où celle des Quatre-Fils commence, à l'instant où quatre insurgés armés passaient de la rue de la Perle, par la Vieille-Rue-du-Temple, dans celle des Quatre-Fils. Ces éclaireurs lâchèrent quelques coups de fusil, et la garde nationale et la garde municipale ensemble arrivèrent près de la maison rue des Quatre-Fils, n° 10, où on trouva, gisant sur le trottoir, un individu blessé, qui cherchait à glisser son fusil sous la porte cochère, et, un ou deux pas au-dessus, un homme tué. Ce dernier était un nommé *Célestin*, âgé de 51 ans, homme de peine du quartier, grand ivrogne, et qui, à ce qu'il paraît, était resté toute la matinée sur ce trottoir, plongé dans le sommeil de l'ivresse. L'autre est le nommé *Grégoire:* une balle lui avait traversé la partie supérieure de l'épaule gauche. On le transporta à l'Hôtel-Dieu, où son état actuel fait espérer une assez prochaine guérison.

Dans ce moment-là même, le capitaine de garde nationale *Hyon*, faisant partie du détachement de droite, et qui avait couru après un des insurgés dans une rue latérale, le ramena. Il l'avait arrêté porteur d'une baïonnette qu'il avait cachée sous sa blouse, et cet individu avait laissé tomber de sa main un fleuret démoucheté qui avait été ramassé près de lui : c'était le nommé *Pierné*.

On disait que les insurgés construisaient une nouvelle barricade rue des Vieilles-Audriettes, près la rue Sainte-Avoye, et la garde nationale et la garde municipale se joignirent pour y marcher. En arrivant à l'endroit indiqué, on trouva des pavés arrachés, mais il n'y avait pas de barricade, et bientôt les deux troupes partirent, l'une pour retourner à la mairie du 6ᵉ, l'autre pour rentrer à la caserne des Minimes. Ainsi fut étouffée avec promptitude cette recrudescence d'insurrection, qui menaçait de désoler encore le Temple et le Marais, dans la journée du 13 mai. On avait vu d'autres individus, bien mis et vêtus de redingotes, charger les fusils des insurgés, leur donner des balles, et même l'un d'eux leur apporter des cartouches dans la rue de Poitou.

LONGUET.

Longuet se présente le premier dans cette catégorie d'inculpés. Il est négociant, il voyage pour sa maison, et il était revenu à Paris huit jours seulement avant les événements.

D'après l'instruction, au moment où les insurgés venaient de renverser la citadine, rue du Temple, ils le nommèrent leur chef :

A ce titre, il entra, accompagné de deux autres seulement, chez le brocanteur *Perdereau* ; ce fut lui qui prit les armes blanches, et, se mettant sur la porte, en fit la distribution à la masse des insurgés restés en dehors, lesquels démouchetèrent les fleurets et les aiguisèrent sur les pavés ; lui *Longuet*, en signe du commandement, retint la plus belle arme, qui était une lame de sabre de luxe.

Rue de Poitou, il participa au désarmement des sieurs *Quelquejeu*, *Desgroux* et *Denizot*, et on le vit au coin de la rue Neuve-Saint-François charger un fusil et en amorcer plusieurs. Des coups de fusil sont partis de cet endroit.

Il paraissait exciter les insurgés, et, au moment de son arrestation, il venait de parler à deux jeunes gens séparés l'un de l'autre, comme s'il eût cherché à rallier la bande.

On examina et on sentit ses mains : elles avaient la couleur et l'odeur de la poudre.

Conduit à la mairie, il refusa de décliner son nom.

Il est reconnu par plusieurs témoins et par l'inculpé *Martin* lui-même.

Cependant il prétend qu'il n'a point fait partie des insurgés; que s'il avait les mains un peu noires, c'est qu'il avait tenu quelque temps un papier de cartouche par lui ramassé dans la rue. Il était venu, disait-il, rue des Blancs-Manteaux, pour son commerce, et il avait suivi de loin les mouvements des insurgés, par pure curiosité, et parce qu'il voulait voir ce que c'était qu'une émeute.

MARTIN.

Martin est un jeune ouvrier cartonnier, que son caractère facile à exalter semble avoir jeté dans l'émeute.

Il a été arrêté dans le grenier de la maison rue Saint-Gervais, n° 2, porteur d'un fusil chargé, amorcé et armé, ayant des cartouches dans sa poche, et montrant à sa bouche et à ses mains les traces visibles de la poudre.

Un voisin, le sieur *Legentil*, était entré dans cette maison avant l'arrivée de la force armée, et *Martin* l'avait mis en joue de si près, que le bout du canon de son fusil lui touchait le menton : *Martin* disait qu'il n'aurait son fusil que lui mort.

Ce fusil était celui que les insurgés avaient pris de force au sieur *Morize*, grenadier de la 7° légion, rue Michel-le-Comte.

Amené au peloton, *Martin* y trouva un petit jeune homme, le nommé *Porthault*, qui venait d'être arrêté sortant de la même maison, et il le menaça, parce que, disait-il, c'était lui qui l'avait livré.

Il prétend que, rue du Temple, il n'était pas d'avis qu'on renversât la citadine.

Mais il convient avoir assisté au pillage d'armes blanches chez le sieur *Perdereau*, et avoir concouru au désarmement des trois marchands de la rue de Poitou; suivant l'instruction, il les aurait mis

tous les trois en joue; *Martin* soutient ne l'avoir fait que pour le boulanger, ajoutant que, dans ce moment, son fusil n'était pas encore
chargé.

Mais il avoue avoir tiré trois coups sur la garde nationale, deux
sur le petit détachement du lieutenant *Noirot*, le troisième sur la
masse.

Martin avait une petite blessure à l'une des mains; il dit qu'elle
lui avait été faite la veille, par une balle, du côté de la rue Bourg-
l'Abbé, ajoutant que c'était ce qui, le lendemain, l'avait porté à la
vengeance.

La veille au soir, en effet, lorsque la force armée, après avoir enlevé la barricade Bourg-l'Abbé, poursuivit et dispersa les insurgés,
Martin et un garçon tailleur, qu'il dit ne pas connaître, s'étaient réfugiés dans la maison rue aux Ours, n° 18, tous les deux armés de
fusils qui avaient été cachés dans une cave.

Ces deux fusils ont été saisis depuis l'arrestation de *Martin*; ils
appartiennent à deux gardes nationaux, dont l'un était de service, le
dimanche, à la mairie du 7ᵉ arrondissement; l'autre, à l'Hôtel-de-Ville,
ce qui donne à penser que *Martin* et le garçon tailleur étaient à
l'attaque de l'un ou de l'autre de ces deux postes.

Martin le nie, et prétend qu'étant sans armes lorsqu'il avait été
blessé dans la rue du Petit-Hurleur, il avait dit : « Cela ne se passera
pas ainsi »; qu'il avait ramassé un fusil qui se trouvait là abandonné,
mais qu'il n'avait pu s'en servir, une balle s'étant trouvée dans le
fond.

MARESCAL.

Marescal a été arrêté porteur du fusil de munition que les insurgés venaient de prendre violemment au sieur *Desgroux*, charcutier
de la rue de Poitou. Ce fusil n'était pas chargé, mais il a été reconnu qu'il venait d'être tiré; et, en effet, il est établi par l'instruction que, immédiatement après l'avoir reçu des mains de *Martin*, à
qui le garçon du sieur *Desgroux* l'avait remis, *Marescal* l'avait tiré,
et que la balle était allée frapper à l'un des étages supérieurs d'une
maison de la rue de Poitou, où elle a laissé son empreinte. Il paraît
également établi que *Marescal* avait les mains noircies par la poudre.

Le sieur *Perdereau* a reconnu *Marescal* pour avoir fait partie des

19

insurgés qui avaient pillé son magasin, et en avaient enlevé les armes blanches, avant de se rendre rue de Poitou, et il a ajouté que *Marescal* était précisément celui qui lui avait demandé son fusil de garde nationale, qu'il s'était bien gardé de lui remettre.

Marescal prétend qu'il a été contraint de marcher avec les insurgés parce qu'ils le traitaient de mouchard, et dans la crainte qu'ils ne lui fissent un mauvais parti.

Mais il paraît au contraire que, lorsque *Martin* se fut fait remettre le fusil du sieur *Desgroux*, il dit : *Qui le veut*, et que *Marescal* s'empressa de tendre la main pour le prendre.

Marescal a été employé, en 1837, comme garçon de service à la Conciergerie et à la prison de la Roquette, et il est sorti de cette dernière maison, parce qu'il n'a pas voulu se soumettre à une punition qu'il avait méritée.

Il est marié, et il gagne péniblement sa vie.

PIERNÉ.

On a vu que *Pierné* avait été arrêté nanti d'une baïonnette qu'il avait cachée sous sa blouse, et qu'à ce moment il avait laissé tomber par terre un fleuret démoucheté qu'il avait à la main.

Le sieur *Perdereau* a reconnu le fleuret pour une des armes blanches dont les insurgés s'étaient emparés dans son magasin.

Il a reconnu aussi *Pierné* pour l'un d'entre eux, et il a dit qu'il l'avait remarqué comme un des plus animés de la bande. *Martin* avait mis son fusil en travers de la porte pour que tous les insurgés n'entrassent pas, et le sieur *Perdereau* a vu *Pierné* poussant les autres comme pour leur faire rompre cette barrière. Sa reconnaissance est ici d'autant moins douteuse, qu'appelé dès le 14 à la mairie du 6e, il y avait reconnu et le fleuret et *Pierné* lui-même.

Présent au pillage de *Perdereau*, *Pierné* l'était encore au désarmement des gardes nationaux de la rue de Poitou, car la baïonnette cachée sous sa blouse est précisément celle du fusil qui avait été pris au pharmacien *Quelquejeu*.

Pierné prétend que c'est fortuitement qu'il s'est trouvé au milieu des insurgés et qu'il avait ramassé dans la rue les deux armes dont il était porteur. Il nie s'être trouvé au pillage des armes blanches et aux actes de sédition de la rue de Poitou, disant qu'il était resté jusqu'à deux heures à la porte de son patron, qui est fabricant de chaussons dans le Marais. Son patron a été entendu, et il a déclaré que *Pierné* était parti de chez lui vers neuf heures du matin.

GRÉGOIRE.

Lorsque *Grégoire* fut trouvé dans la rue des Quatre-Fils, blessé d'une balle à l'épaule gauche et gisant sur le trottoir à droite, près la maison n° 10, on le vit cherchant à glisser sous la porte-cochère le fusil de munition qui était par terre près de lui. Ce fusil ne pouvait avoir été laissé par le nommé *Célestin*, dont le cadavre était deux pas environ au-dessus de lui; car il est constant que ce dernier avait dormi toute la matinée à cette place, dans un état complet d'ivresse, et qu'il y était encore peu d'instants avant la fusillade.

On reconnut aussitôt que *Grégoire* avait les mains et la bouche noircies de poudre.

Il a prétendu qu'il n'était pas porteur du fusil, et qu'il passait pour se rendre à ses affaires au moment où il fut blessé.

Mais l'adjudant sous-officier de la garde nationale déclare qu'il le voyait filer portant son fusil en balancier, et qu'il l'avait vu tomber au coup de feu avec son fusil.

Et ce qui semble bien établir que *Grégoire* était au nombre des insurgés, c'est que son fusil était celui du sieur *Denizot*, boulanger de la rue de Poitou, qui, comme les sieurs *Desgroux* et *Quelquejeu*, avait été obligé de céder à leurs menaces.

Grégoire était vêtu d'une blouse bleue et d'une casquette; il est âgé d'environ 40 ans, et on a quelque lieu de croire que c'est l'homme de 36 ans, étant ainsi vêtu, que *Martin* signale comme le plus animé, et qui lui disait toujours : *Est-ce que tu as peur ?*

Dans les interrogatoires qu'a subis cet inculpé, il prétend qu'il a passé la journée du dimanche à la chasse aux petits oiseaux, et qu'étant sorti le lundi vers neuf heures pour chercher de l'ouvrage, il a été atteint d'un coup de feu comme il passait dans la rue des Quatre-Fils.

Grégoire est père de deux enfants en bas âge, et son travail et celui de sa femme suffisent avec bien de la peine à la subsistance commune.

FAITS PARTICULIERS

CONCERNANT LES CONTUMACES.

MESSIEURS,

Il nous reste à appeler votre attention sur ceux des individus absents à l'égard desquels l'instruction a établi des charges suffisantes pour provoquer dès à présent leur mise en accusation ; ces individus sont au nombre de quatre : ce sont les nommé *Blanqui, Martin-Bernard, Meillard* et *Doy.*

Les deux premiers, par leurs antécédents, par le rang qu'ils occupent dans les sociétés secrètes, se lient entièrement au nommé *Barbès.* On peut, avec assurance, signaler ces trois hommes comme les chefs du mouvement insurrectionnel ; ce sont eux qui en ont conçu la pensée, et qui ont pris la part la plus active aux faits qui en ont préparé et consommé l'exécution ;

Barbès, absent de Paris depuis quelques mois, et qui, depuis son arrivée, a concouru si puissamment aux actes qui ont préparé l'insurrection, a été rappelé de Carcassonne par *Blanqui*, et c'est avec *Blanqui* et *Martin-Bernard* qu'il s'est mis en rapport ; dans tous les incidents de cette journée du 12, il a été vu en compagnie de ces deux hommes qui, comme lui, étaient à la tête des bandes armées.

BLANQUI (Louis-Auguste), *homme de lettres, demeurant à Gercey, près Pontoise (Seine-et-Oise); absent.*

En exposant les faits généraux, on vous a fait connaître quelle avait été la complicité du sieur *Blanqui* dans l'affaire suivie, en 1836, contre les associations. Vous vous rappelez qu'à cette époque il était

le chef de la société des *Familles*, et qu'il fut condamné comme tel,
et en outre, pour fabrication clandestine de poudre, à deux ans de
prison, 3,000 francs d'amende et deux ans de surveillance; mais déjà
il avait été, avant cette condamnation, frappé d'autres peines pour
délits politiques. Il avait subi, notamment en 1832, une année d'emprisonnement, pour outrages commis à l'audience envers les magistrats de la cour d'assises. Son hostilité anarchique date de 1830, et
on peut remarquer qu'elle n'a cessé de croître en violence et en exagération.

En 1837, il fut compris dans l'amnistie; on pouvait supposer alors
qu'il voulait rompre avec des anciennes habitudes, car il avait quitté
le séjour de Paris, et loué près de Pontoise une habitation, où il s'é-
tait retiré avec sa femme et avec ses enfants; mais bientôt, et surtout
dans les premiers mois de 1838, ce séjour fut signalé par l'autorité
comme un nouveau foyer d'intrigue, servant de réunion à tous les
hommes connus par l'exagération de leurs opinions politiques, tels
que *Barbès*, *Lamieussens* et *Duboscq* (condamné dans l'affaire
Raban.) On soupçonna *Barbès* et *Blanqui* d'y tramer, en février
1838, des projets de régicide, et ce soupçon motiva la perquisition
qui fut faite alors à ce domicile; elle demeura infructueuse, mais l'autorité était avertie, et elle continua de surveiller les hommes qui visi-
taient sans cesse cette résidence.

A la fin de février dernier, *Blanqui* écrivit à *Barbès* une lettre
dont il n'apposa pas lui-même la suscription, et dont on n'a saisi à
Carcassonne que l'enveloppe, sur laquelle se trouvait la recomman-
dation très-expresse de faire parvenir l'incluse à *Barbès* partout
où il pourrait se trouver. Cette incluse a sans doute été anéantie:
l'instruction n'a pu en percer le mystère; mais ce n'est pas un fait
indifférent que la précaution du secret qui préside à cette correspondance, à une époque surtout aussi rapprochée des élections et
de l'ouverture des Chambres, époque où des bruits de désordre com-
mençaient déjà à se répandre.

Tout porte à croire que ce fut sur de nouvelles lettres de *Blanqui*
que *Barbès* arriva à Paris à la fin d'avril, en ayant soin de cacher
qu'il se rendait dans la capitale; car on a constaté, à Carcassonne,
par voie de commission rogatoire, qu'il y était de notoriété que
Barbès avait été rappelé par ses amis politiques de Paris, et qu'il
trouvait même que le moment était inopportun; mais comme, dans

les sociétés dont on a lu les statuts, le premier devoir pour les chefs et les sectaires, est l'abdication de toute volonté, il dut obéir et se rendre à la sommation qui lui était faite.

Blanqui le reçut, et tout porte à croire que ce fut alors que la pensée de l'attentat fût adoptée, développée et arrêtée. On a saisi, en effet, comme vous l'avez vu, dans les papiers de *Blanqui*, des listes de noms d'armuriers, de plombiers et arquebusiers, portant les traces d'une existence récente, et qui ont été faites évidemment dans la vue du soulèvement du 12.

Il semble même que l'on se soit conformé dans l'exécution à l'idée secrète de la composition de ces listes, car deux des armuriers qui y figurent sur le premier plan sont précisément ceux qui ont été pillés les premiers.

En outre, vous savez qu'on a découvert un plan de la place Royale, avec l'indication des mesures stratégiques nécessaires pour se défendre, et il est à remarquer que le système de barricades qui a été adopté par les insurgés dans ce quartier semble avoir été conçu dans la vue de fortifier cette position; de plus, de nombreuses listes de noms d'hommes connus par leur hostilité contre le Gouvernement, et saisis dans ces papiers, laissent peu de doutes sur la nature des intentions de *Blanqui*.

Le 10 mai, il quitta sa résidence de Gercey, et se rendit à Paris, chez un parent; il y passa la journée du samedi 11, et le dimanche 12 il prit dans l'insurrection la part que vous a fait connaître la déclaration de *Nouguès*, part qui, selon ce dernier, *était comme de notoriété publique dans le parti*. Ainsi il a assisté et coopéré au pillage des armes de *Lepage*, puis à l'envahissement du poste Saint-Jean, où quatre militaires ont été assassinés; puis à l'attaque de celui du Châtelet, et enfin à celui de l'Hôtel-de-Ville. Il disparut dans la soirée alors qu'il vit l'insuccès de son entreprise.

Vous savez encore que la proclamation des insurgés désigne *Blanqui* comme commandant en chef et comme devant faire partie du gouvernement provisoire. Si, à l'égard de quelques-uns de ceux dont les noms se trouvent cités dans cette pièce, il ne peut y avoir lieu à poursuite à raison de cette pièce; il ne peut en être de même vis-à-vis de ceux qui ont pris aux événements incriminés une part aussi active et aussi criminelle que celle assignée à *Blanqui*: cette proclamation est, en ce qui le touche, une charge des plus graves et dont vous apprécierez toute l'importance.

Cet inculpé, depuis le 12 mai, est parvenu à se soustraire aux recherches, et le fait de sa disparition est un indice de plus de sa culpabilité dans les actes que nous venons de retracer.

BERNARD (Martin), *imprimeur, demeurant à Paris, rue Haute-feuille, n° 9; absent.*

Il n'est presque point de procédure politique dans laquelle, depuis quelques années, le nom de *Martin Bernard* n'ait été prononcé, et qui n'ait donné lieu contre lui à des charges plus ou moins graves.

C'est qu'en effet, depuis l'organisation des sociétés secrètes, cet inculpé, y a joué un rôle actif et incessant, et que le mystère seul dont il a su couvrir ses actes a pu seul les soustraire à la preuve légale de leur criminalité

Mais *Nouguès* a déchiré le voile dont il s'était jusqu'ici couvert en le signalant comme l'un des chefs de la société des *Saisons.*

Et sa déclaration à l'égard de cet inculpé est d'autant plus concluante que, comme lui, il est compositeur en imprimerie, qu'ils ont travaillé ensemble dans les mêmes ateliers, et qu'ils paraissent depuis longtemps rapprochés par un fond commun d'opinions politiques.

Un des faits les plus importants signalés par l'instruction à la charge de cet inculpé est la proclamation dans laquelle il figure comme membre du gouvernement provisoire, c'est vous dire assez quelle était son influence dans le parti auquel il appartient.

Vous vous rappelez qu'il résulte des interrogatoires de *Nouguès* que c'est *Martin Bernard* qui l'a averti, quelques jours avant le 12, de l'inspection qui devait avoir lieu, et qu'il l'a invité à y prendre part; que c'est lui qui a pris le commandement d'une des bandes; qu'il a participé au pillage de *Lepage* et aux diverses attaques de postes : *il était partout,* a dit *Nouguès;* et au milieu de l'insurrection, sommé par les insurgés, au moment où s'opérait le rassemblement de la rue Bourg-l'Abbé de faire connaître le conseil exécutif, il répondit : « Le conseil c'est nous.

Tel a été la part prise par *Martin Bernard* dans les faits du 12.

L'instruction ne l'a pas retrouvé dans ceux du 13 ; il avait cessé, dès le 12 au soir, de reparaître à son domicile.

MEILLARD (Jean *ou* Georges), *graveur, âgé de 28 ans, né à Genève, demeurant à Paris, rue Bourg-l'Abbé, n° 16; absent.*

DOY (Pierre), *graveur, âgé de 28 ans, né à Genève, demeurant à Paris, rue Bourg-l'Abbé, n° 16; absent.*

L'historique des faits imputés à ces deux contumaces est tout entier dans le récit qui vous a été présenté à l'occasion du ,sieur *Bonnet,* sur lequel vous êtes appelés à statuer; car il existe entre ces trois inculpés des liens trop étroits pour qu'il ait été possible de diviser les faits les concernant. Vous vous rappelez que ce sont eux qui descendirent de leur logement, rue Bourg-l'Abbé, la malle de cartouches qui furent incontinent distribuées sur la voie publique; ce fut *Meillard* qui l'ouvrit le premier, puis tous trois furent prendre part au pillage des sieurs *Lepage* et de là aux différentes scènes de la journée. Il résulte de l'instruction, vous le savez encore, que *Meillard* a été blessé dans la barricade formée rue Grenétat: tous deux ont disparu de leur domicile depuis le 12 mai. Il existe, nous le répétons, une parfaite analogie entre la situation de ces deux inculpés et celle de *Bonnet.* Nous n'avons, dès lors, qu'à nous en référer au récit des charges que nous avons eu l'honneur de vous faire connaître à l'occasion de ce dernier.

FIN.

TABLE

DES FAITS PARTICULIERS.

INCULPÉS PRÉSENTS.

CONTUMACES.

www.ingramcontent.com/pod-product-compliance
Lightning Source LLC
Chambersburg PA
CBHW050014100426
42739CB00011B/2635